# 1% 리더를 위한 지적훈련

## - 동양고전 편 -

# 1% 리더를 위한 지적훈련
## - 동양고전 편

**초판 1쇄 발행** 2023년 11월 09일

**지은이** 칼 비테 인스티튜트
**펴낸이** 류태연

**펴낸곳** 렛츠북
**주소** 서울시 마포구 양화로11길 42, 3층(서교동)
**등록** 2015년 05월 15일 제2018-000065호
**전화** 070-4786-4823 **팩스** 070-7610-2823
**홈페이지** http://www.letsbook21.co.kr **이메일** letsbook2@naver.com
**블로그** https://blog.naver.com/letsbook2 **인스타그램** @letsbook2

**ISBN** 979-11-6054-668-2 03140

1%
리더를
위한

# 지적훈련

**동양고전 편**

칼 비테 인스티튜트

# 머리말

젊은 날 마땅히 봐야 했던 책을 나이 들어서 읽을 때면 감동도 하지만 안타까운 심정이었다. "이것을 못 봤다니… 진작 봤더라면 얼마나 좋았을고!" 탄식을 한다. 꼭 봐야 할 책은 젊을 때 봐야 나머지 사는 날 동안 길잡이도 되고 등대도 되는데 어두운 곳을 너무 오래 헤맸다는 안타까움이 있다. 무슨 책을 읽으라고 권장하는 것도 중요하고 읽는 순서와 과정도 중요하며 읽고 생각을 나누어주는 대상이 있는 것은 더 중요하다.

책을 천 권 읽고 나면 멘토가 필요 없다는 글을 읽고 공감도 하지만 스승은 평생 있는 것이 좋다. 배움과 깨달음에는 늘 한계가 있기 마련이니까. 스승은 거울이다. 나를 비춰보는 거울. 나를 비춰볼 거울이 흐려지면 그때 하산하는 것이고. 이처럼 스승으로 삼을 만한 존귀한 인물이 있으면 좋겠지만 이 시대에는 그런 인물도 없거니와 있어도 나 같은 이를 만나주기나 하겠는가. 투자의 귀재 워런 버핏과 3시간 점심을 하면서 조언을 듣는 데 246억 원이라 한다. 1시간에 약 80억 원. 스티브 잡스가 생전에 소크라테스를 만나 가르침을 받을 수만 있다면 자기 전 재산을 내놓을 수도 있다고 말했다. 스승은 그런 것이다.

살아있는 스승보다 더 훌륭한 스승이 있다. 책이다! 수천 년 동안 성인과 현인들이 남겨놓은 책. 캄캄한 밤길 같은 인생길은 고전(古典)을 스승으로 삼고, 더듬어 길 찾아가듯 살아가면 된다.

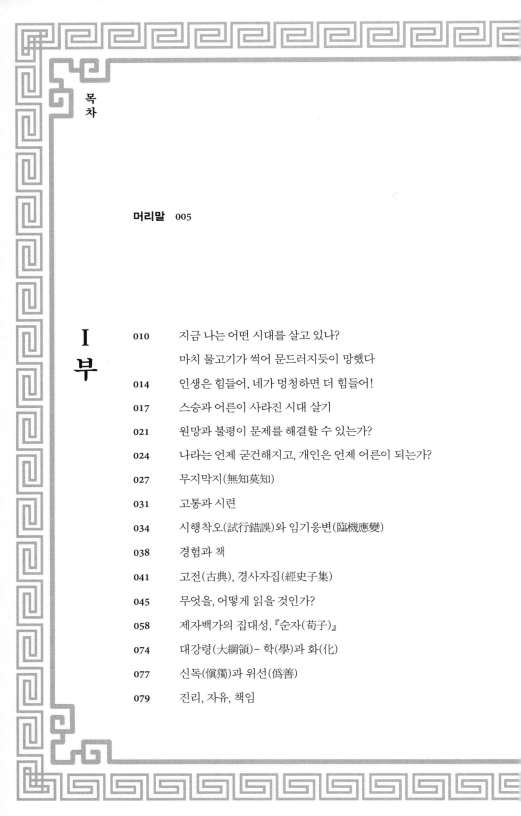

1부

# 지금 나는 어떤 시대를 살고 있나?
# 마치 물고기가 썩어 문드러지듯이 망했다

———— ◆◆◆ ————

僖公 19年, 梁亡 此未有伐者 其言梁亡何?

自亡也. 其自亡奈何? 魚爛而亡也.

희공 19년, 양나라가 망했다. 공격한 사람이 없는데 양나라가 망했
다는 것은 무슨 말인가? 스스로 망한 것이다. 어떻게 스스로 망했는
가? 마치 물고기가 썩어 문드러지듯이 망했다.

_『춘추공양전(春秋公羊傳)』

　우리 시대의 특징은 통찰력으로, 말과 글로 배우기 어려운 시대가 되
었다. 그렇다면? 몸으로 배우거나 목으로 배우는 수밖에 없다. 목숨 걸
린 현실 문제로 배우게 되었다는 뜻이다. 자기 처지를 모르는 것은 참
으로 가여운 일이다. 논리로, 언변으로 서로 자기가 옳다고 핏대를 세
우고 있지만 당장 죽게 된 자기 처지를 모른다면 그것보다 더 가련한 운
명이 어디 있겠는가? 지금 우리 처지가 그렇다. 자신이 곧 죽게 된 것도
모르고 노래하고 춤추고 있다. 곡(哭)을 해야 하는 날에 노래를 부르고
있다. 자기 자신을 지킬 수 있을 때 지켜야 하는데 지금 우리는 자신을
지키지 못하고 되레 스스로 부수고 있다.

한비자의 스승 순자는 난세의 징후는 다음과 같다고 말한다. "사람들의 옷은 사치스럽고, 그들의 차림새는 여인들과 같으며, 그들의 풍속은 음란하고, 그들의 뜻은 이익만 추구하며, 그들의 행위는 난잡하고, 그들의 노래와 음악은 바르지 못하며, 그들의 무늬와 장식은 지저분하면서도 화려하고, 그들의 생활에는 법도가 없으며, 예의를 천하게 여기고 무력을 귀중히 여기며, 가난하면 도둑질하고, 부유하면 남을 해친다."

『한비자』「망징(亡徵)」편에는 나라가 멸망하는 징조 47가지를 열거하고 있다. 딱 오늘날의 대한민국이다. 나무가 부러지는 것은 좀 벌레가 먹었기 때문이고, 담장이 무너지는 것은 틈이 생겼기 때문이지만, 강풍이 불지 않으면 부러지지 않고 큰비가 내리지 않으면 무너지지 않는다. 하지만 곧 크게 무너질 것이다. 모든 일에는 징조가 있기 마련이어서 어떤 결정적인 외부동인이 생기면 곧바로 일어나게 되는데 모든 상황이 무너지는 쪽을 향하여 가고 있다.

오늘 대한민국에서 일어나는 일들, 서구세계에서 일어나는 일들을 보면 조지 오웰의 『1984』와 올더스 헉슬리의 『멋진 신세계』가 동시에 진행되는 듯하다. 문명이나 문화가 황폐화되는 방식에는 두 가지가 있다. 첫째는 빅 브라더(Big Brother)가 감시하고 통제하는 조지 오웰의 『1984』의 오웰식, 둘째는 섹스와 마약으로 스스로 생각하기를 멈추고 저속해지는 올더스 헉슬리의 『멋진 신세계』의 헉슬리식이다. 오늘날 빅 브라더 역할을 하는 빅텍(Big Tech)이 오웰식이고, 섹스와 마약은 헉슬리식이다. 대중이 하찮은 일에 정신이 팔릴 때, 끊임없는 오락 활동을 문화적 삶으로 착각할 때, 진지한 공적 대화가 말장난으로 전락할 때,

한마디로 국민이 관객이 되고 모든 공적 활동이 가벼운 드라마와 같이 변할 때 국가는 위기를 맞는다. 이때 문명의 사멸은 필연적이다.

지금은 화(禍)를 입을 때가 되었다. 슬프게도 시대의 자연적 과정이다. 지금껏 배불리 먹었고, 목도 축였고, 따뜻한 방에서 잠들었다. 오랜 기간 그랬다. 몸이 따듯하고 배부르면서 마음이 퍼져버렸다.

남북으로 나뉜 지 70년이 넘어서자 공산독재 체제인 북한은 물리적 세계가 붕괴되어 인민들이 굶어 죽는 세상이 되었고, 대한민국은 물리적으로 풍부해졌으나 그 물질적 풍요로움으로 정신이 무너져버렸다. 경제가 망한 것보다 정신이 망한 것이 더 위험하다. 삶의 태도와 정신이 흐트러지고 나면, 값비싼 대가를 치러 힘들게 얻었던 것을 값싼 대가를 치르고 쉽게 잃어버리는 시대가 되기 때문이다.

인간 세상에 대한 낙심(落心)과 실망(失望)이 크다. "이것밖에 안 되었던가?" 하는 탄식을 하지만 "망해야만 한다면 망할 때는 지금이다"라는 생각도 든다. 나라가 망한다는 것은 국민이 노예가 된다는 뜻이다. 그래서 망하는 길은 피해야 하고, 망하더라도 다시 일어서야만 한다. 결말이 망하는 것과 죽음이라 할지라도 다시 살길을 찾아야 하고 또 찾을 수 있다. 어디서부터 무엇이 잘못되었는지를 찾아서 돌이킬 수만 있다면 살길은 또 열린다. 역사는 반복이다. 대부분 사람이 전부 끝났다고 생각한 그 순간에도 언제나 굳건하고 용감한 사람들이 역사를 새로 쓰기 시작했다. 지금 이 비극보다 더 비참한 상황에서도 인류는, 대한민국은 계속 살아왔다.

자! 무엇을 해야 하는가? 이 폐허에서 무엇부터 시작해야 하는가? 잘못 배운 것, 잘못 알고 있는 것을 새로 고쳐 배우는 일부터 시작해야 한다. 사람이 언제 변하는가? 나를 구하러 오는 사람이 없다는 사실을 알았을 때이다. 지금 우리를 구하러 오는 사람이 아무도 없다!

# 인생은 힘들어,
# 네가 멍청하면 더 힘들어!

━━━━ ◆◆◆ ━━━━

"어려운 시대는 강한 남자를 만들고, 강한 남자는 좋은 시대를 만들
고 좋은 시대는 약한 남자를 만들고, 약한 남자는 어려운 시대를 만
든다."

이 과정의 반복이 역사다. 역사가 반복되는 데는 세 가지 이유가 있
다. 첫째, 역사를 통해 배우지 못하기 때문이다. 헤겔은 말했다.

"역사가 주는 교훈은 인류가 역사로부터 교훈을 배우지 못한다는
것이다(We learn from History that we do not learn from History)."

둘째, 인간 본성이 변하지 않기 때문이다. 인간의 본성은 오랜 세월
이 지나도 변하지 않았다. 고대나 중세나 근대나 현대나 시간이 지나도
인간 본성이 변하지 않았기 때문에 그 인간이 만드는 역사는 같을 수밖
에 없다.

셋째, 세대마다 새로운 바보가 태어나기 때문이다. 교육과 문명화,
사회화를 아무리 시켜도 새로 태어나는 생명체는 벌거벗고 무지한 상
태로 태어난다. 아무것도 모른 채 태어나는 것은 겸손하게 배우라는 뜻

이고, 아무것도 가진 것 없이 태어나는 이유는 가진 것에 감사하며 살라는 뜻인데, 무릎 꿇고 배우지 못하고 지금 가진 것에 감사할 줄도 모르는 멍청이들이 계속 생겨나 역사가 반복된다. 그런 멍청이들에게 존 웨인은 말했다.

> "인생은 힘들어, 네가 멍청하면 더 힘들어(Life is hard, it's even harder when you're stupid)!"

평화 시기가 길어지면 사람은 안일해진다. 불안이 죽음에 이르는 병이라면 안일은 패망에 이르는 병이다. 안일의 특징은 위기의식이 없고 대처방식이 비겁하다. 생존이 걸린 문제인데도 '어찌 되겠지… 설마 그런 일이 일어나겠어…'라고 반응한다. 죽고 사는 갈림길인데도, 곧 죽을 위기가 닥쳤음에도 불구하고 코앞의 위기를 인식하지 못하는 것이 '안일'이다.

진시황제가 천하통일을 시작했을 때 인접 국가 한(韓)나라 왕과 귀족이 그랬다. 자신들의 운명을 적국 진(秦)나라의 자비에 맡겼다. 적국의 자비에 국운을 맡기는 어리석음이 안일이다. 순자의 제자였던 한비자는 한나라 왕의 동생이자 선대 왕의 왕자였다. 한비자가 형인 왕에게 나라를 살리기 위해 간절한 심정으로 글을 지어 올린 것이 오늘날 우리가 알고 있는 『한비자』라는 고전이다. 한비자의 글은 왕에게 받아들여지지 않았다. 오히려 적국의 왕 진시황제가 한비자의 글을 읽고 감탄하며 한비자를 만나고 싶어 했다. 얼마나 만나고 싶어 했는지 "이 글을 지은 사람을 한 번만이라도 만날 수 있다면 죽어도 여한이 없겠다!"라고 했으니 말이다. 인물은 인물을 알아보고, 가치는 가치를 알아보는 사람에게만 있는 법이다. 한나라 왕은 한비자의 간언을 받아들이지 않았다. 얼마나 비겁하고 한심한 짓을 저지르는지 모른다. 처음에는 진나라에 금을 바치면서 평화를 사려고 했다. 그다음에는 한나라 미녀들을 바쳤다. 나중에는 왕의 비(妃)까지 바쳤다. 마지막 순간까지 가장 남자답지 못하고 해서는 안 되는 짓을 왕이 저질렀다. 자기 살겠다고 아내를 남에게 갖다 바친 것이다. 한나라가 망하지 않을 수 있었겠는가? 지켜야만 하는 것은 목숨 내놓고 지키려는 의지가 있어야 하는데 마누라까지 갖다 바치는 왕의 나라가 망하지 않는다면 그것이 더 이상한 것이다. 망할 길에 들어선 나라는 그 어떤 것으로도 막을 수 없다고들 하는데 정말 한나라는 가장 먼저 망했다.

병중을 드러내는 것은 그것을 치료하도록 주의를 환기시키는 것이다. 오늘 망국과 패망을 향해 달리는 한국 사회가 그러하다. 생존이 달려있는 순간에 자신의 운명을 타인의 결정에 맡길 수는 없지 않은가? 최종 판단은 본인만이 할 수 있는 것이다. 남의 결정에 자신의 운명을 맡기는 멍청한 판단도 결국 본인의 판단이다.

# 스승과 어른이
# 사라진 시대 살기

◆◆◆

'스승과 어른'이 사라지고 그 자리를 소위 '전문가', '지식인'들이 대체한 시대를 우리가 살고 있다. 전문가 중에는 어설픈 전문가들도 많고, 지식인 중에는 마땅히 알고 있어야 할 것을 모르는 지식인들도 많다. 이들의 공통점은 '모두 내 탓이 아니라 남 탓'이라고 말한다. 이런 일회용 위로는 특히 자라나는 다음 세대에게 독약이다. 이해관계에 얽혀있는 전문가와 지식인들은 듣는 사람을 위해서 그런 말을 하는 것이 아니라 자신의 이익을 위해서 그런 말을 하는 것이다. 얄팍한 공감과 위로는 잠시 잠깐 듣기 좋을지 몰라도 그 말을 듣고 고개 끄덕이는 사람을 결국 죽인다. 그들은 '분노하라!'는 선동도 한다. 잘못된 사회 시스템 때문에 오늘 네가 고통받는 것이라고 말한다. 사회 시스템이 완벽했던 때는 역사상 단 한 번도 없었다. 분노의 대상은 자기 자신일 뿐이다. 다른 누군가가 아니다. 세상의 모든 고통과 괴로움의 원인이 다른 곳에 있고 다른 사람 때문이라면 도대체 너는 존재하는가? 존재하지 않는가? 밖에 있는 원인을 찾기 전에 안에 있는 원인을 찾는 것이 더 빠를 것이다.

이들은 젊은 세대에게 말랑말랑한 정의와 공정도 들려준다. 현실에 바탕을 둔 정의와 공의가 아니라 온정주의, 어설픈 감상주의를 정의와 공의로 부르고 있다. 어설픈 감상주의와 인도주의를 따르다가 감당할 책임이 너무 무거워서 비명을 지르는 유럽과 미국 등 소위 선진국들을 보고 있지 않은가? 감당할 수 있는 짐을 져야 한다. 현실이 그렇다. 자신이 감당할 수 있는 허용 범위를 넘어 감상과 인도주의의 이름으로 허용하면 무질서와 폭력을 감당할 수 없게 된다. 자신이 견딜 수 있는 만큼 허용하는 것이다. 그렇지 않으면 자신이 파괴된다.

몰라도 되는 것을 많이 알고 있는 사람을 지식인이라고 하지는 않는다. 알고 있는 것이 쓰레기 더미인 사람을 지식인이라고도 하지 않는다. 마땅히 알아야 하는 것을 많이 알고 있는 사람을 지식인이라고 하는 것이다. 본인이 사는 길로 가면서 다른 사람들에게도 그 길을 알려주는 이가 지식인이다. 쓰레기 정보 더미를 잔뜩 짊어지고 죽는 길로 가면서 그쪽이 사는 길이라고 사람들을 현혹하는 자들은 지식인이 아니다. 오늘날 지식인이라고 불리는 대부분 사람이 그런 유의 인간들이다. 사이비가 종교에만 있는 것이 아니다. 사이비(似而非). 같은 듯(似)하지만(而) 다른 것(非)이 사이비다. 사이비 언론, 사이비 지식인들의 사실 왜곡과 선동을 구별해야 내가 산다.

오늘날 우리는 현시대의 문제를 방관했다. 방관 죄. 절박한 이슈임에도 불구하고 지나치게 소극적으로 방관한 죄다. 지금이 그러한 때이다. 세상이 왜 이리 부서지고 있는가? 세상이 어쩌다 이렇게 망가지고 무너지고 있느냐고 한탄하지만 결국 최종 책임은 자기 자신이다. 거짓을 허용한 잘못, 비겁하게 외면한 잘못, '나와 내 가족만 아니면 되지'라는 방관, 참인지 거짓인지 스스로 찾아볼 생각은 하지 않고 TV에서, 정부 발표에서 그렇게 말했으니까, 라고 하면서 자기 생존과 이익을 위임해버린 잘못. 자! 누구를 탓할 수 있겠는가? 권력을 지향하고, 유행하는 사상을 따라가며, 인기에 영합하는 사람들이 지식인이라면 그런 지식인, 그런 전문가의 말을 믿을 수 있는가? 그들이 자신의 이익을 위해 거짓말도 하고 타인을 죽음으로 내몰 수도 있는 사람들이라는 것을 진작 알았어야 했다. 정작 중요한 것은 그런 사람들을 선택하고 따라간 나 자신이 등신이었다는 사실이다. 나라가 요 모양 요 꼴이라고 한탄할 것 없다.

청년들이 자기 삶의 결정권을 타인이나 정부에 맡겨버리는 것은 스스로 존재적인 노예가 되는 것이다. 자기 인생을 자신이 결정하지 못하고 정부나 타인이 대신 결정해준다면 자기 삶을 사는 것이 아니다. 자기 인생의 당당한 주인으로 살기 원한다면 자기 삶의 결정권자가 먼저 되어야 한다.

자신의 생존과 삶에 관한 것은 스스로 정보를 찾아보고 자기 자신이 분별하고 스스로 판단해서 자기 결정을 내리는 것이다. 이것은 다른 누구도 할 수 없는 일이다. 자기 운명을 자기가 결정하지 않으면 도대체 누가 할 수 있단 말인가?

예전에는 정보에 접근할 수 없어서 무지했다. 이제 모든 정보가 다 공개되어있다. 공개된 정보! 찾아보려고 하면 다 알 수 있는 세상이다. 각종 세계 주요 통계도 다 공개되어있고, 실시간으로 전 세계 오지에서 일어나는 일들을 알려고만 하면 다 알 수 있는 세상이 되었다. 레이 달리오, 세계 최대 펀드를 운용하는 사람이다. 2008년 금융위기를 정확하게 예측해서 유명해진 사람. 재무부 관계자들과 미팅에서 그들이 물었다. "어디서 그 정보를 얻었냐?" 달리오가 말하길 "공개된 정보다! 다 알려져 있는 정보다." 주류 언론에서 알려주는 것만 믿을 것이 아니라 자신에게 정말 중요한 정보는 자기 자신이 직접 찾아보고 분별하고 판단해야 한다.

# 원망과 불평이
# 문제를 해결할 수 있는가?

◆◆◆

　인생의 기저귀를 떼지 못하면 징징댄다, 남 탓한다. 결코 자신의 잘못이 아니라고 믿거나 우긴다. 공자는 『서경』에 있는 글을 인용해 이렇게 말했다.

　　不怨天 不尤人(불원천 불우인)
　　하늘을 원망하지 않고 사람을 탓하지 않는다.

　순자도 같은 뜻을 전한다.

| 挂於患而欲謹, | 환란이 닥친 뒤에야 근신하려는 것은 |
|---|---|
| 則無益矣. | 소용없는 일이다. |
| 自知者 不怨人 | 자신을 잘 아는 사람은 남을 원망하지 않고 |
| 知命者 不怨天 | 운명을 아는 사람은 하늘을 원망하지 않는다 |
| 怨人者窮 | 남을 원망하는 사람은 막다른 궁지에 몰리는 자이고 |
| 怨天者無知 | 하늘을 원망하는 사람은 무지한 자이다. |
| 失之己, 反之人, | 자기가 실패했으면서도 남을 탓하는 것이 |
| 豈不迂乎哉? | 어찌 바보 같은 일이 아니겠는가? |

오늘날, '불평등'이 이 세상 모든 문제의 원인이라고 진단하며 분노하라고 외치는 이들이 많다. 그 분노가 불평등을 바로 잡는 원동력이 될 것이라고 부추긴다. 진단도 처방도 모두 틀렸다. 불평등 그 자체는 지극히 자연스러운 것이고 당연한 것이다. 경제적 불평등에 대해서는 객관적이고 과학적인 측정치가 있고, 업무 수행 결과도 분명하다. 너와 나의 성과가 다른데 어떻게 평등할 수 있는가? 불평등이 아니라 다른 결과치이다. 불평등이 만악의 근원이고 부자는 부정한 방법으로만 부를 축적한 것처럼 몰아세우며 그들을 악마 취급하는데, 그렇다면 누가 부자가 될 수 있으며 누가 부자가 되고자 하겠는가?

남 탓할 것 없다. 주어진 조건에서 최선을 다하는 것이다. 흙수저로 태어났다고 부모 원망하면서 인생 전부를 보낸다면 그는 그냥 흙덩어리에 불과하다. 태어났을 때 가난하게 태어났다고 죽을 때까지 가난하게 산다면 그것은 부모 잘못이 아니라 그 자신의 문제다. 태어날 때 가난했다면 죽을 때는 부유하게 죽겠다고 결단하면 된다. 몸부림치고 발악을 해도 안 되는 일은 그냥 받아들여라. 하지만 몸부림치고 발악을 하면 소용돌이가 일어난다. 처음엔 작았던 소용돌이가 인생 전체를 뒤흔들 큰 소용돌이로 변한다. 원망과 불평을 해서 문제가 해결된다면 그래도 된다. 하지만 원망과 불평은 문제를 근본적으로 해결하지 못한다. 오히려 모든 일에 감사와 긍정으로 받아들일 때 뜻하지 않게 문제가 해결되는 경우가 더 많다.

왜 남 탓하면 안 되냐고? 남 탓하기 시작하면 문제를 해결할 수 있는 기회 자체가 사라지기 때문이다. 문제는 발생했다. 여기서 문제를 해결하기 위해 생각하고 움직이기 시작해야 하는데, 남 탓을 하기 시작하면 문제 해결을 위한 길을 한 걸음도 뗄 수 없기 때문이다. 이 문제가 다른 사람 문제라면 그 사람이 해결하게 놔두면 된다. 하지만 자신의 문제라면 스스로 해결해야 한다. 자신의 문제에 왜 남 탓하는가. 본인의 지혜와 능력이 부족해서 일어난 일이다. 만약에 충분히 감당할 수 있었으면 그 일은 일어나지 않았다. 지금부터 그 능력을 키우고 지혜를 갖추려고 애쓰면 된다. 그리고 니체가 말했던 것처럼 "그것이 인생이었던가? 자! 다시 한번!"이라고 다짐하고 또다시 인생의 걸음을 가는 것이다. 누누이 말하지만 남 탓하지 마라! 자기 인생이고 자기 문제다. 남 탓하는 인간치고 제대로 된 인간 없다.

> 王霸安存危殆滅亡, 制與在我亡乎人.
> 왕자가 되기도 하고 패자가 되기도 하며 편안하게 살아가기도 하고
> 위태롭게 되거나 멸망하기도 하는 것은, 원인이 모두 나에게 있는
> 것이지 남에게 있는 것이 아니다.
> _『순자』

　절망이 무르익어야 희망은 현실이 된다. 고통과 수치를 당하고 나면 자신을 바로잡을 수 있고 올바른 길을 찾게 된다. 여기서 남 탓, 세상 탓하고 원망하면 완전히 길을 잃는다.

# 나라는 언제 굳건해지고,
# 개인은 언제 어른이 되는가?

———— ◆◆◆ ————

유럽에는 세운 지 1,000년이 넘는 다리들이 많다. 특히 로마제국 당시 로마가 건설한 다리들은 2,000년이나 견고하다. 로마의 테베레 강에 있는 파우브리치 다리는 기원후 60년경에 건설된 것으로 세계에서 가장 오래된 다리라고 한다. 이런 다리들이 2,000년 동안 견고할 수 있는 이유가 있다. 다리를 완공하고 나서 사람들의 통행 전에 그 다리를 건축한 사람들이 6개월 동안 다리 밑에서 살아야 했기 때문이다. 어떤 경우에는 건축자 가족 모두가 그 다리 밑에서 6개월, 1년을 살아야 했다. 그것이 다리가 튼튼한 이유다. 이유는 간단하다. 다리를 건축하면서 허술하게 공사했다? 결과는 본인과 가족의 죽음이었다.

로마제국의 패망 원인은 여러 가지 있지만, 근본 원인은 지도자 그룹의 무책임이었다. 로마가 카르타고와 패권전쟁을 치르고 지중해 지역 유일 패권 제국으로 일어설 때, 최고지도자 집정관은 언제나 전투에 참전했다. 120년 동안 세 차례에 걸친 전쟁에 전투 중 사망한 집정관이 십수 명이었고, 전쟁이 발발할 때마다 원로원 의원들은 자기 재산의 1/4에서 절반까지를 전쟁 비용으로 내놓았다. 승리의 원인도 간단했고 패망의 원인도 간단했다. 로마제국 말기 원로원 의원들은 전쟁 비용이 아까워서 어떻게든 비용을 내지 않으려 했다. 또, 군대 모집이 어려워 노예들을 징집하려고 하자 자기 노예는 안 된다고 반대했다. 로마가 전쟁에서 승리하며 제국으로 일어설 때는 본인뿐 아니라 아들까지도 흔쾌히 전쟁터로 내보냈던 원로원 의원들이 이제는 자기 집 노예조차 보내려고 하지 않았다. 그러니 나라가 망하는 것이 당연했다. 전쟁을 외치는 자는 그 자신이나 아들이 꼭 참전해야 한다. 전쟁을 찬성하면서 직접 전쟁터에 나가려고 하지 않는 것은 전쟁을 시작하기도 전에 이미 패한 것이다. 한비자는 이렇게 말했다.

> 今境內之民皆言治, 藏商·管之法者家有之, 而國愈貧, 言耕者衆,
> 執耒者寡也; 境內皆言兵, 藏孫·吳之書者家有之, 而兵愈弱, 言戰者
> 多, 被甲者少也.
>
> 지금 나라 안의 백성들은 모두 정치를 말하고 상앙과 관중의 법령을
> 집집마다 간직하고 있지만, 나라가 더욱더 가난해지는 것은 **농사를**
> **말하는 자는 많지만 쟁기를 잡는 자가 적기 때문이다;** 나라 안에서
> 는 모두 군사에 관해 말하며 손무와 오기의 병서를 집집마다 간직하
> 고 있지만, 병력이 점점 더 약해지는 것은 **전쟁을 말하는 자는 많지**
> **만 갑옷을 입는 자가 적기 때문이다.**
>
> _『한비자』,「오두」편

역사에는 이해할 수 없는 일들이 많이 있지만 그중에서도 정말 이해하기 어려운 일이 있는데, 다른 민족도 아니고 독일 국민들이 히틀러를 추종했다는 사실이다. 철학과 음악과 문학을 꽃피운 그 나라 국민들이

어떻게 그럴 수 있었는지 도무지 이해할 수 없는 일이다. 수없이 많은 원인이 있었겠지만 근본 원인은 독일 국민들이 자기 결정에 스스로 책임지려 하지 않았다는 것이다. 독일 국민들은 히틀러에 열광함으로 그에게 책임을 미룬 것이다. 선택을 맡겨버리는 것은 무책임하겠다는 선택이다. 맹목적 추종은 무책임을 선택하는 것이다. 무책임의 결과는 언제나 비극이다.

나라가 군건해지고 개인이 성숙한 어른이 되는 때는 책임질 때이다. 다리 밑으로, 쟁기를 잡고, 갑옷을 입을 때 나라는 군건해지고 사람은 그때부터 어른이 된다. 책임을 질 때.

# 무지막지(無知莫知)

───── ◆◆◆ ─────

잘 모르면 불안하고 두렵다. 잘 모르면 사는 것이 무섭다. 잘 모르면 억지를 쓰고 떼를 쓴다. 멋모르고 큰소리친다. 자기방어가 불가능하다. 때로는 생존이 불가능할 수도 있다. 가장 큰 폐해는 진리와 사실을 모른 채 죽거나 잘못 알고 죽는 것이다. 진리가 아닌 것을 진리로 알고, 사실이 아닌 것을 사실로 알고 살다가 죽는 것. 그래서 어려서부터 바르게 배우고 바르게 알아야 한다.

진짜 무서운 것은 외부에서 조작, 강제된 것이 나에게 내면화되는 것이다. 누구의 소리를 들을지는 결국 본인의 선택이다. 그래서 '비판적 사고력'이 필요하다. 청년과 가장 어울리지 않는 단어가 있다면 아마도 지혜일 것이다. 지혜는 청년 시절에 가질 수 있는 것이 아니다. 우주의 이쪽 끝과 저쪽 끝에 있는 글자가 있다면 아마도 지혜와 청년일 것이다. 청년에게 지혜가 있다면 마음의 무릎을 꿇고 배우겠다는 자세뿐이다. 머리를 숙이고 무릎을 꿇어야 배울 수 있다. 바다는 세상에서 가장 낮은 물이다. 그래서 세상의 모든 물이 흘러들어 온다. 그러하니 세상에서 가장 큰물이 된다. 겸(謙)한 사람이 큰 인물 되는 이유다.

들으려고 하지 않으면 들리지 않는다. 보려고 하지 않으면 눈앞에 있어도 보이지 않는다. 배우려고 하지 않으면 배울 수 없다. 배움은 가르치는 자와 배우는 자의 이중주다. 가르치는 자의 자질도 중요하지만 배우는 자의 자질이 더 중요하다. 배우는 자의 가장 좋은 자질은 배우려는 간절함이다. 공자께서 말씀하셨다.

子曰 "不曰 '如之何, 如之何' 者, 吾末如之何也已矣."
공자 왈 "어찌하면 좋을까! 어찌하면 좋을까!'라고 고민하지 않는
사람은, 나 또한 어찌해볼 도리가 이미 없다."

간절하게 구하는 사람이 길을 찾는 법이다. 공자께서도 스스로 먼저 간절하게 길을 찾지 않는 사람은 어찌해볼 도리가 없다고 말한다. 이와 관련하여 「공야장」편에 이런 내용이 있다.

宰予晝寢, 子曰
"朽木不可雕也, 糞土之墻不可杇也. 於予與可誅?"
재여가 낮잠을 자고 있자, 공자께서 말씀하셨다.
"썩은 나무에는 조각을 할 수 없고 더러운 흙으로 쌓은 담장에는 흙
손질을 할 수가 없다. 재여에 대해 무엇을 꾸짖겠는가?"

재여가 낮잠 자는 모습을 본 공자께서 평소와 다르게 아주 혹독하게 제자를 나무랐다. 글을 읽지 않고 게으름 부리는 것을 꾸짖는 것이 아니다. 공자께서 나무라는 것은 무지(無知)가 아니라 막지(莫知)다. 무지는 모르는 것이고, 막지는 알려고 하지 않는 것이다. 흔히 '무지막지한

놈'이라는 욕을 하는데, 정말 큰 욕이다. 아는 것도 없고 알려고도 하지 않는 놈이라는 뜻이니 얼마나 큰 욕인가! 인간의 자질이 후목(朽木, 썩은 나무)과 분토(糞土, 분뇨 섞인 흙)라는 것이다. 분(糞)이라는 글자를 해자(解字)하면 쌀 미(米) 아래 다를 이(異)다. 쌀이 들어가서 다른 것이 나온다? 똥이라는 뜻이다. 공자님께서 어쩌면 그렇게 한 사람을 혹독하게 폄하하실 수 있는가, 하는 의문을 가지게 만드는 대목이다. 공자를 이토록 분노하게 한 것이 바로 제자의 막지(莫知)였던 것이다.

스승께서 그토록 분노하시는 것은 모르면서도 알려고 하지 않는 제자의 태도였다. 스스로 배우려고 하는 사람만이 배울 수 있다. 배우려고 하지 않으면 자기 자식도 가르칠 수 없다. 배우려고 하면 스승은 저절로 나타난다. 가르쳐보면 배움에는 가르치는 자의 자질보다 배우는 자의 자질이 더 중요하다는 것을 알게 된다. 무지하고 막지 하면 개인적으로는 사기당하기 쉽고, 사회적으로는 사실을 왜곡하는 선전, 선동에 속게 된다.

임진왜란이 끝나고 서애 유성룡은 『징비록(懲毖錄)』을 기록했다. 이 난리가 왜 일어났는가, 이 난리를 다시 겪지 않으려면 무엇을 해야 하는가에 대한 기록이다.

> "앞의 수레가 넘어지는 것을 보고도, 자기 수레바퀴를 고칠 줄 모르면 넘어지는 것밖에 다른 도리가 없다."
> _『징비록』

『징비록』, 혼날 징(懲), 삼갈 비(毖). '혼이 나서 잘못을 뉘우치고 근신하는 기록'이라는 뜻이다. '징비'는 '시경' 소비편에 나오는 '예기징이비후환'(豫其懲而毖後患), 미리 징계하여 후환을 대비한다'는 구절에서 인용했다. 유성룡 선생께서도 무지와 막지를 동시에 말씀하시지만 '막지'가 그런 화를 불러들였다고 통탄하신다.

우리를 더 슬프게 만드는 것은, 유성룡 선생이 임진왜란 10년 뒤 1607년 돌아가셨는데 이 책이 조선 땅에서는 편찬되지 않았다는 사실이다. 오히려 1695년 일본에서 편찬되어 일본인들이 읽고 있었다. 100년이 지나고 나서도 일본은 자신들이 조선 침략 실패 원인을 찾아보고자 한 것이다. 이런 사실을 놓고 보면 우리가 가장 경계해야 할 나라는 일본이 아니라 우리 자신이다.

# 고통과 시련

"우환(憂患)은 사람을 生하게 하고,

안락(安樂)은 사람은 죽게 만든다."

배움은 언제나 실수와 실패, 고통과 시련을 통해서 온다. 좀 더 편하고 안락한 길은 없는가? 없다! 시도해보고 그 과정에서 실수하고 실패하면서 배우게 된다. 실수와 실패는 필연이다.

『순자』에 나오는 이야기다. 공자께서 남쪽 초나라로 가다가 진(陳)나라와 채(蔡)나라 사이에서 곤경에 빠졌다. 7일 동안이나 익힌 음식을 먹지 못하고, 명아주국에 쌀가루를 넣고 끓이지도 못했다. 제자들이 모두 굶주린 얼굴빛이었는데, 자로가 나와 물었다. "제가 듣건대, 착한 일을 한 사람은 하늘이 그에게 복을 내려주고, 착하지 못한 일을 한 자에게는 하늘이 그에게 화를 내려 준다고 하였습니다. 지금 선생님께서는 덕을 쌓고 의로운 일을 많이 하시어, 아름다운 생각을 품고 그것을 실천해오신 지 오랜 세월이 되었습니다. 어찌하여 곤궁한 처지가 되신 것입니까?" 공자께서 말씀하셨다.

"잘 만나고 잘 만나지 못하고 하는 것은 때이다. 현명하고 못나고 한 것은 사람의 자질이다. 군자가 널리 공부하고 깊이 생각하면서도 때를 잘 만나지 못했던 경우는 많았다. 이로써 본다면 좋은 세상을 만나지 못했던 사람은 많다. 어찌 나뿐이겠느냐? (중략) 옛날 진(晉)나라 문공은 망명 중의 조(曹)나라에서 패자가 되려는 마음을 갖게 되었다. 제나라 환공은 거(莒)나라에 망명하면서 패자가 되려는 마음을 갖게 되었다. **그러므로 처지가 곤궁해보지 않았던 사람은 생각이 원대할 수 없고, 방랑의 괴로움을 겪지 않은 사람은 뜻이 광대할 수가 없다. 너는 내가 처참하고 어려운 처지라 하더라도 얻는 것이 없으리라고 어찌 알 수가 있겠느냐?**(故 "居不隱者思不遠, 身不佚者 志不廣. 女庸安知吾桑得之桑落之下.")"

쓸쓸하고 처량한 처지에서, 어지럽고 어려운 처지에서 그냥 고통만 겪고 끝나는 것이 아니다. 틀림없이 그 고통과 시련 아래서 정녕 굳건하고 아름다운 것을 배우게 된다. 고통과 시련을 통해 배울 것을 배우지 못한다면 그것은 그 사람 본성과 자질이 중간 이하이기 때문이다. 우환(憂患)은 사람을 살리고, 안락(安樂)은 사람을 죽게 만든다. 낙오와 좌절 이후에 얻을 수 있는 능력이 있다. 편안함은 흐르지 않는 강물과 같은 것이다. 가는 길이 막혀서 불편하고 불쾌하지만 어딘가를 향해 끝없이 흘러갈 때 살아있는 것이다. 살아있는 동안 너무 안락하려고 하지 마라. 안락하게 되면 멀리 내다보는 안목이 사라지고, 작은 현상에도 미래를 예측하는 예민함이 없어지고, 상황을 다각도로 사고하는 능력이 사라진다. 강인함은 들판에서 자라는 것이지 온실 속에서 자라나는 것이 아니다. 넓고 큰 현명함은 들판과 험준한 산에서 자라는 것이다.

고통과 시련 없이 인물이 만들어진 경우는 없다. 진나라 문공이 그러하고, 관중이 그러하고, 공자가 그러하고, 진시황제가 그러하고, 역사에 이름이 남은 이들 중에 고통과 시련의 세월없이 인물이 커진 경우는 없다. 신기하기도 하고 신비하기도 한 일이다. 하지만 그것이 현실 법칙이고 인생 법칙이다.

고통과 시련은 그 사람을 지혜롭게 하고, 감상이 아니라 철저하게 현실주의자로 만든다. 그래서 어설프게 도와주려다 그 사람을 죽게 만드는 일을 하지 않는다. 의도는 좋았지만 그 사람을 죽게 만드는 경우가 얼마나 많은가! 어설프게 낭만부리는 정책으로 국민을 더 어렵게 만들고 더 많은 백성을 죽게 만드는 일이 얼마나 많았던가! 적어도 관중은 그러질 않았다. 관중의 임종이 가까웠다는 소식을 듣고 제나라 환공이 급히 찾아왔다. 그는 죽어가는 관중에게 관중이 없으면 나는 누구와 국사를 의논해야 하느냐고 물었다. 관중은 죽으면서도 환공에게 포숙아를 천거하지 않았다. 왜 그랬을까? 일평생 신세를 지고 살았는데 죽는 마당에 은혜를 갚는 셈 치고 포숙아를 자신의 자리에 천거할 수도 있었을 텐데 말이다. 이유는 간단하다. 포숙아에게 그 자리는 해가 되니까. 정치 현실에서 환공, 포숙아 양자 모두에게 자리가 맞지 않고 해가 되니까 그랬다. 관중은 철저한 현실주의자였다. 철저하게 현실에 바탕을 둔 이러한 지혜는 관중의 인생 여정 가운데 시련과 고통을 통해서 배운 것이다.

# 시행착오(試行錯誤)와
# 임기응변(臨機應變)

———— ◆◆◆ ————

배움은 시행착오(試行錯誤)를 거치면서 얻는 것이다. 시행착오 없이 배우려고 하지 마라. 자신의 실수와 실패로부터 무언가를 배울 수 있다는 것은 얼마나 귀한 일인가! 타인의 실수와 실패로부터 무언가를 배운다면 그는 얼마나 지혜로운가! 실수와 실패는 신의 선물과도 같은 것이다. 받아들이는 자가 그리 받아들이면 신의 선물이 되는 것이고, 원망과 불평을 한다면 저주가 되는 것이다. 누가 말했는지 기억나지 않지만, 어느 아버지가 아들에게 이런 말을 남긴 글을 본 적이 있다.

> "아들아! 너는 일을 하게 될 것이다. 똑바로 해라. 실패해야 할 때 실
> 패하지 못한다면 결코 성공할 수 없다. 실패해야 할 때는 실패해라."

배움이 매듭지어지고 나면 그때부터는 임기응변(臨機應變)이다. 임기응변이라고 하면 얼렁뚱땅, 대충대충 순간 모면이라고 생각하기 쉽지만 원래 뜻은 전혀 그렇지 않다. 전략과 전술을 모두 익히고 나서야 임기응변이 가능해지는 것이다. 35가지 방법으로도 이길 수 없다면 후퇴하는 것도 좋은 방법이라는 뜻인 36계를 비겁하게 도망가는 전술이라고 오해하는 것과 같다. 전략과 전술을 교실에서 평생 배우고 있을

수는 없다. 전쟁터에 나가야 한다. 전투가 시작되면 그때부터는 임기응변이다. 그때그때 대처를 잘하려면 대처 능력이 있어야 한다. 애초에 판단 능력이 없다면 임기응변은 불가능하다. 임기응변이야말로 최고의 능력이다. 상상력과 정확한 현실 파악 능력이 요구되는 최고의 창의적인 능력이다. 알레시아 전투에서 보여준 카이사르의 임기응변은 최고 중의 최고다.

전쟁을 책상 위에서만 배우면 전략의 천재도 전투 현장에서는 바보가 된다. 조괄이 그랬다. 전국시대 최대 전쟁은 진나라와 조나라가 싸웠던 장평대전이었다. 장평대전은 전국시대 칠웅의 세력 판도를 완전히 바꾼 대사건이었다. 장평대전 이후 조나라는 회복불능 상태가 되고 결국 망하고 만다. 『사기』에는 그 결과를 이렇게 기록하고 있다.

白起破括四十五萬.
백기 장군이 조괄의 군사 45만 명을 죽이다.

전투가 끝나고 백기 장군은 포로가 된 조괄의 군사 45만 명을 생매장시켜버린다. 다른 기록에는 참수했다고도 한다.

조괄은 조나라 명장 조사의 아들이다. 호랑이가 고양이 새끼를 낳는 법 없다고 천하의 명장 조사의 아들은 아버지 못지않은 능력을 어렸을 때부터 보였다. 심지어 아버지와 책상에 마주 앉아 병법으로 승부를 낼 때 아버지를 이겼다. 그 후 조사는 자기 부인에게 당부의 말을 남긴다.

"만약 조나라 조정에서 저 아이를 크게 쓰지 않으면 별탈이 없겠지만 만약 장군으로 임명한다면 조나라 대군을 패배로 몰아넣을 것이오. 나라를 망하게 할 뿐 아니라 우리 집안에도 멸문지화가 닥칠 것이니 나라에서 크게 쓰지 못하도록 막아야 하오."

실제로 조나라 효성왕이 조괄을 장군으로 임명하자 두 사람이 결사적으로 반대했다. 한 사람은 명재상이었던 인상여이고, 다른 한 사람은 조괄의 어머니였다. 두 사람 다 같은 이유를 말한다.

"조괄은 그저 책으로만 병법을 익혔습니다. 사생결단의 전투 현장에서 전혀 임기응변을 모르는 책상물림에 불과합니다. 이것은 조나라의 운명을 어린아이 손에 맡기는 장난과 같습니다."

그의 어머니는 효성왕에게 편지를 올려 아들의 장군 임명을 반대한다. 나중에 장평대전에서 조괄은 대패하고 전투 중 사망하지만, 아들의 장군 임명을 반대했던 어머니의 편지 때문에 멸문지화는 피하게 된다.

탁상공론(卓上空論)이라는 고사성어는 조괄에게서 연유한다. 손자병법에서 말하듯 전술의 마지막은 임기응변인데, 조괄은 병법을 책상에서만 쓸 줄 알았지 전투 현장에서는 운용할 줄 몰랐다. 책상 위의 병법과 피 튀기는 전투 현장의 병법은 다른 것이다. 바둑판 위에서 바둑두듯이 병법을 운용하는 것과 생사를 가름하는 전장에서 병법은 다를 수밖에 없다.

삶은 유치원이 아니다. 생존과 생활이 시작되는 사회생활에 전공 책 몇 권과 A 학점, 자기 계발서 몇 권 보고 나서 성공할 것이라고 기대하면 안 된다. 현장에서 임기응변을 발휘할 수 있을 정도로 준비하고 현장에서 시행착오를 통하여 배우라. 임기응변은 알고 있는 모든 것의 현장 맞춤 재조정이다. 책 공부는 30살이 되기 전에 끝내도록 하라. 20대에 치열하게 읽고 생각하라. 임기응변이라는 창의성을 만들어낼 정도로 읽고 생각하라. 30대에는 시행착오를 통해서 배우라.

# 경험과 책

$\blacklozenge\blacklozenge\blacklozenge$

　자기 경험만으로 삶의 지혜와 기술을 배울 수 있는가? 사람이 삶의 기술을 배우는 데는 100년 이상이 걸린다. 100년을 사는 동안 경험만으로 배워야 한다면, 언제 제대로 된 인생을 살 것인가? 인생 70년이다. 앞서 살았던 조상들이 살면서 경험하고 체득한 지혜는 책에 기록되어 있다. 이미 인생을 오래 살아본 옛사람, 그것도 현인들이 간파하고 깨달은 것을 전해주는 기록물. 그것이 책이다. 마땅히 읽어야 하지 않을까?

　책은 원래 비밀의 물건이었다. 秘書. 아무나 볼 수 있는 것이 아니었다. 춘추시대까지만 하더라도 책을 출판하는 것은 국가업무였다. 개인은 책이라는 것을 만들 수 없었다. 만약 책을 개인적으로 만들었다면 사형에 처했다. 책은 오직 왕과 일부 귀족만 볼 수 있는 비밀의 물건이었다. 비서감(秘書監)이라는 관직이 있을 정도였다. 책은 나라에서 철저하게 관리하는 대상이었다. 종이가 나오기 전에 책은 죽간 형태였다. 책 한 권의 분량이 방 하나를 차지할 정도로 부피가 컸다. 장자가 친구 혜시를 두고 "남자가 태어나서 다섯 수레 분량의 책을 읽어야…"라고 말할 때 다섯 수레 분량은 죽간을 말한다. 오늘날 책 권수로는 몇 권 되지 않는 분량이다. 그런 책이 단돈 만 원이었겠는가? 로마시대의 책은 밀랍으로 만들어진 형태였다. 죽간에 비해서 부피는 줄었으나 여전히 부피가 컸다. 중세시대에 들어 책 한 권은 농장 하나 값이었다. 오늘날 값어치로 환산하면 최소 2~3억은 되었을 것이다. 그래서 그 당시 책은 부자 귀족들만 소유할 수 있었다. 그런 책을 이제 모든 사람이 볼 수 있게 되었다. 아무나 볼 수 있게 되자 이제 보려고 하지 않는다. 얼마나 아이러니한가!

사람의 귀가 일정 수준을 넘어가는 소리를 듣지 못하는 것처럼 사람의 인식도 인식범위를 넘어서는 것을 받아들이지 못한다. 우리가 계속해서 책을 읽고, 보지 못했던 것을 보고, 듣지 못했던 것을 들어야 하는 이유다. 이는 인식의 범위를 넓히는 것이다. 책을 읽는다는 것은 자신의 부족함과 결함을 고쳐 더 현명하고 더 강인해지겠다는 결단이다. 공자께서 말씀하셨다.

過而不改 是謂過矣.
잘못을 알고도 고치지 않는 것을 일컬어 잘못이라고 한다.

"먹고살기도 바쁜데 책 읽을 시간이 어디 있나?"라고들 하지만 책을 안 읽으니까 먹고살기에 바쁜 인생이 되는 것이다. 학과 공부도 바쁘고 취직 준비할 시간도 부족한데 책 읽을 시간이 없다고들 말하지만 책을 읽지 않으니까 학점도 나쁘고 취직하기 어려워지는 것이다.

책을 읽을 때 얻게 되는 좋은 점은 책에 있는 지식과 정보를 습득하는 것만이 아닌 더 좋은 다른 것이 있다. 생각하는 힘, 집중력과 몰입 능력을 얻는다는 것이다. 오늘날 청소년들은 책보다는 동영상에 익숙하고, 필요한 정보나 지식을 유튜브나 인스타그램 같은 매체를 통해 습득한다. 편리를 찾다가 정작 소중한 자신의 능력을 잃고 있다. 5분 넘어가는 동영상은 견디지 못하니 집중력과 몰입하는 능력을 잃고 있다. 더구나 생각하는 능력을 상실하는 것은 더 큰 문제다. 알려주는 대로 받아들이고 비평적 분별 능력을 상실하고 있다. 핵심 요약, 시간 절약, 효율성이라는 장점에 매달리다가 자기 생각을 잃고 있다. 더구나 SNS에 매달리다 집중력을 5분 이상 발휘하지 못한다. 그 수준의 집중력과 몰입 능력으로 이룰 수 있는 일은 없다. SNS가 빠른 것처럼 보이지만 나중에는 결국 책이 더 빠르다. SNS가 전 세계를 오가며 넓은 세상을 데려다주는 듯하지만 정작 나를 멀리 가게 하는 것은 책이다.

책을 읽어라! 먹는 것은 너의 몸이 될 것이고, 읽는 것은 너의 정신이 될 것이다. 먹지 않으면 몸은 자라지 않을 것이고 읽지 않으면 정신도 자랄 수 없다.

# 고전(古典),
# 경사자집(經史子集)

———— ◆◆◇ ————

Tempus est optimus iudex rerum omnium.

시간은 모든 일의 훌륭한 재판관이다.


   세상에 책은 많다. 우리나라 국립중앙도서관에는 1,100만 권이나 있다. 그중에는 수천 년 시간의 검증을 거치고 전해진 책들이 있다. 그런 책을 고전(古典)이라고 한다. 고전은 수천 년 동안 쌓인 지혜다. 짧은 시간 스쳐 지나가는 하루아침의 유행이 아니다. 그러니 들을 가치가 충분하다. 그것이 고전의 가치다. 고전은 오랜 역사적 경험의 산물이다. 수백 년 동안 고난, 어리석음, 희생, 시행착오를 겪으며 낳은 그 시대의 해법 결과물이다. 시대 상황만 전해주는 것이 아니라 그 시대의 문제 원인과 해법을 필사적으로 제시한 것이다.

   고전이라고 하면 경사자집(經史子集) 전해주소(傳解註疏)가 있다. 경(經)은 성인이 직접 하신 말씀이다. 그래서 성경, 불경… 이라고 한다. 사(史)는 말 그대로 역사다. 자(子)는 공자, 맹자 할 때 그 자(子)다. 子는 흔히 아들 '자'라고 해서 어감이 낮은데 여기서 자(子)는 극존칭이다. 깨달음을 얻은 스승에게 존칭으로 높여 부르는 호칭이다. 자(子)가

붙는 분들은 사실 몇 분 안 된다. 집(集)은 현인 한 사람의 기록 모음이다. 성인이 직접 하신 말씀은 너무 심오해서 이해하기 어렵다. 그래서 그 제자가 풀어서 전해주는 것을 '전(傳)'이라 한다. 해(解)는 그 '전(傳)'도 이해하기 어려워서 한 번 더 풀어 설명하는 것이 '해'다. 주(注)는 '해'를 풀어 설명한 것이다. 흔히 주석이라고 할 때 '주'다. 소(疏)는 '주'를 풀어서 설명했으니 가장 쉬운 설명이 되겠다. 원효의 '대승기론소' 할 때 그 소(疏)다. 로버트 그린의 책 중에 『전쟁의 기술』이라는 책이 있는데, 동서양 병법서의 소(疏)라고 이해하면 된다.

보통 경사자(經史子)는 같은 책이 많다. 예를 들어, 『맹자』라고 하면 『맹』 자체가 '경'이고 그 시대 '역사'이고 또 '자'이다. 이런 책을 우리는 '고전(古典)'이고 부른다. 동양고전, 서양고전. 이런 고전과 사상을 공부하는 것을 두고 '인문학'이라고 한다.

> "學 하는 방법으로 스승이 될 만한 사람을 가까이하는 것보다 더 좋
> 은 것은 없다. 스승이 될 만한 사람을 따라 군자의 말씀을 익힌다면
> 존엄해져서 세상에 널리 통하게 될 것이다."
> _『순자』

스승이 될 만한 사람이 있어서 그로부터 가르침을 받을 수 있다면 좋겠지만 이 시대에는 그런 스승이 사라지고 없다. 살아있는 스승이 없다면 스승으로 삼기에 경(經)보다 더 좋은 스승은 없을 것이다. 성현이 직접 하신 말씀을 되새기며 체화하는 것이다.

특별히 경사자(經史子)에 해당하는 책은 제왕을 위한 책들이다. 군주

론, 통치론이다. 경은 애초에 평민을 위해 쓰이지 않았다. 군주, 왕, 지도자를 위해 쓴 책이다. 읽어보면 알게 된다. 평민이 읽을 필요가 없는 책이다. 지도자가 되려는 자가 읽는 책이다. 정신적 평민으로 살고 싶은 자는 읽지 않아도 된다. 전혀 필요치 않고 상관도 없는 내용이다. 정신적 평민은 듣기 기분 나쁘지만 사실이다.

고전은 그 당시 난세를 살며 혼란과 무질서 그리고 비인간적인 세태를 헤쳐나가는 지혜서였다. 난세를 살며 배운 지혜. 그래서 소중하고 귀한 것이다. 사람으로서 견딜 수 없는 고통을 겪고서 내린 삶의 길이 고전이다. 그래서 고전을 통하여 사는 길을 배우는 것이다.

동양 고전과 서양 고전이 다른가? 다르지 않다. 천년을 두고 전해온 이야기가 자리가 달라지고 오랜 세월 지나도 이치는 같은 것이다. 이 땅 위에 사는 사람들은 자리가 동서양으로 달라도 생각하고 발전하는 것은 비슷하다. 서양 그리스 로마에 철학이 꽃피었던 시기나 동양 춘추전국시대에 제자백가가 융성하던 시기가 비슷하고, 카르타고 전쟁(기원전 264~146년)을 치르고 서양에 로마제국이 일어섰던 시기와 동양의 진시황제가 천하통일을 이루었던 시기(기원전 221년)가 비슷하며, 동서양 현인들이 전하고자 하는 이치도 언어가 헬라어와 라틴어로 기록되었느냐 아니면 한자로 기록되었느냐의 차이만 있을 뿐 그 내용은 동일하다. 관자, 공자, 묵자, 맹자, 노자, 장자, 순자, 한비자, 인물은 달라도 전하는 이치는 같은 것이다. 어떤 관점에서 보느냐의 차이이고 주안점이 조금씩 다를 뿐이다.

동이족 은나라 갑골문으로 시작해 중국 한족이 동방문자를 발전시키며 동양사상도 같이 발달했는데, 공산화로 그 모든 것이 단절되었다. 글자만 간자체로 단절된 것이 아니라 중공 입장에서는 사상의 단절이 더 큰 손실이다. 우리 조상 동이족이 만든 글자를 한족이 발전시켜 자기 것으로 만든 것처럼 이제 우리는 동방문자와 사상을 우리 것으로 발전시켜나가야 한다. 소중한 것은 계승하고 보존하는 자가 가지는 것이다. 세상 이치가 그러하다. 스스로 버리면 잃게 되고, 가치를 알아보고 계승하면 그 주인이 되는 것이다.

# 무엇을,
# 어떻게 읽을 것인가?

◆◇◆

동양이나 서양이나 결국 고전에서 말하는 것은 같다. 표현의 차이가 있을 뿐 사실 같은 내용이다. 동양은 직관적이고, 서양은 분석적이다. 사유의 방식이 다르다 보니 결과의 차이가 생겼다. 그 결과 차이가 근현대에 들어서 아주 크다 보니 동서양이 완전히 다른 것처럼 느껴지는 것이다.

우리는 동양권에 살다 보니 아무래도 동양고전부터 먼저 공부하는 것이 수월하다. 순서가 따로 있는 것은 아니지만 유가, 도가, 법가, 병가 순서로 해보길 권한다. 또한 시기는 관자가 가장 앞선 시대 인물이지만 한비자까지 다 공부하고 나서 마지막으로 관자를 공부해보라. 그러면 그가 얼마나 대단한 인물인지 알게 될 것이다. 유가, 도가, 법가, 병가를 시대적으로 공부하라. 대략은 다음 페이지 이미지와 같다.

『논어』, 『묵자』, 『맹자』, 『노자』, 『장자』, 『손자병법』, 『순자』, 『한비자』, 『관자』 순서로 읽는다. 역사서는 병행해서 읽는 것이 좋다. 경을 이해하는 데 역사적 배경을 아는 것이 중요하기 때문이다. 읽을 역사서로는 『사기』(표, 서, 본기, 세가, 열전), 『춘추좌전』, 『춘추공양전』, 『춘추곡량전』, 『국어』, 『전국책』, 『한서』가 기본이다.

공자의 『논어』부터 읽기 위해 책을 선택해야 하는데, 이때 한자 원전이 같이 있는 것을 선택하는 것이 좋다. 읽지도 못하는 한자가 무슨 소용이 있나 싶겠지만, 책을 읽다 보면 가슴에 와닿는 부분, 감동되는 부분이 있기 마련이다. 그 부분을 원전으로 한번 써보라. 일단 그 내용에 해당되는 부분이 어디 있는지 찾는 것부터가 공부다. 처음부터 한자 원전을 읽을 수는 없을지라도 조금씩 조금씩 감동되는 부분을 읽고 필사하다 보면 문리가 트인다. 현대 중국어는 기능어들이 많아서 이해하기 쉬운데 고전 한자는 기능어들이 없어서 사이사이에 의미 보충을 하며 읽어야 한다.

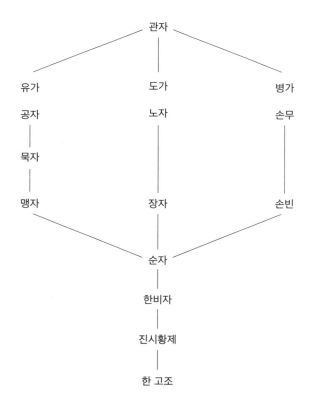

# 경(經)을 공부하는 방법 예시-『논어』

## 읽기

얼마나 이해하는지 신경 쓰지 말고 그냥 먼저 읽는다. 경을 처음 읽을 때 이해하기 어렵다고 누군가 『논어』에 대해 해석한 것을 먼저 읽는데, 순서가 잘못되었다. 다른 사람의 해석을 먼저 읽으면 그 사람 관점에서 『논어』를 보게 된다. 어떻게 봐야 하는지를 다른 사람이 결정하는 격이다. 나만의 관점으로 이해를 넓히고 깊이 있게 읽어나가는 과정이 진정한 배움이다.

처음에는 한글로 번역된 것을 소설 보듯이 그냥 읽는다. 처음부터 너무 깊이 생각하려고 하지 않는다. 그냥 무슨 내용이 있는지만 파악하고 지나가라. 경이 어려운 것은 그 사상의 깊이 때문이지 양이 많아서가 아니다. 사실 분량은 한자 원전으로 프린트를 하면 12,000자가 채 안 되니까 20쪽 분량밖에 되지 않는다. 10포인트 작은 글씨로 인쇄하면 10쪽밖에 안 되는 분량이다. 『노자』는 원전이 5,000글자밖에 안 되니 인쇄하면 5쪽이다. 인쇄해놓고 보면 참 허무하다는 생각이 들 정도다. 이것밖에 안 되는 분량을 그토록 어렵게만 여겼다니! 내용이 심오하지, 분량은 적다.

읽으면서 마음에 와닿는 부분이 있으면 밑줄 긋는다. 큰 글씨로 200쪽 정도 분량이니 마음먹고 읽으면 2~3시간이면 읽을 수 있을 것이다. 책 밑에 있는 '미주'도 꼼꼼히 읽는다. 내용 이해를 위해 알고 있어야 할, 당시 상황을 간단하게 설명했는데, 재미있다. 나중에 공부가 넓어지면 어차피 그보다 더 알게 될 내용인데 간단 설명이 잘되어있다.

### 보조 교재 준비

두 번째 읽을 때부터는 연구하는 마음으로 읽는다. 생각하면서, 무슨 뜻인지 생각하고 또 생각하면서. 교과서를 이해하기 위해서 참고서의 도움이 필요하듯이 『논어』도 참고서가 있다. 그것도 많이. 너무 많은 참고서는 자신만의 생각을 오히려 방해하니까 최소한의 참고자료를 소개한다.

- 성백효, 『논어집주』: 이 주석 한 권이면 참고서로 충분하다.
- 시라카와 시즈카, 『공자전』
- 이토 진사이, 『논어고의』: 해석을 어떻게 했는지 비교자료로 사용할 수 있다.
- 시부사와 에이치, 『논어와 주판』: 논어가 어떻게 현실에 적용될 수 있는지 참고할 수 있다.

나중에 『사기』, 『춘추』, 『국어』, 『전국책』, 『시경』, 『서경』, 『역경』, 『한서』 등 많은 자료가 결국 서로 연결되는데 이것은 시간을 두고 천천히 살펴봐도 된다.

춘추전국시대 역사와 문헌에 대해 많이 알수록 『논어』를 비롯한 동양 고전에 대한 이해가 깊어진다는 사실을 알게 될 것이다. 그래서 두루두루 넓게 공부하는 것이다. 『논어』든지 『맹자』, 『순자』든지 고전 중에 하나를 선택해서 이렇게 공부하고 나면 그 이후부터 다른 경을 공부하는 것은 수월해진다.

현대 경영학의 아버지 피터 드러커는 경영의 본질을 시부사와 에이치에게서 배웠다고 말한다. 시부사와 에이치. 현대 일본 경제의 아버지라고 불리는 그는 경영의 본질을 『논어』에서 배웠다고 한다. 그의 모든 경제사상과 정책의 기본은 『논어』에서 나왔다. 그의 책 『논어와 주판』을 보면 그가 얼마나 논어에 통달했는지 알 수 있다. 삼성 이병철 회장 또한 시부사와 에이치를 보고 배운 것이 아닌가 싶다.

헤르만 헤세는 『논어』를 처음 읽고서 "꿈꾸는 것 같았도다!"라고 감탄했다. 볼 수 있는 눈이 있는 사람에게 『논어』는 그런 것이다.

## 경(經)을 공부할 때 필요한 책들

### 문자에 대한 책들

- 시라카와 시즈카, 『자통(字統)』: 사전이다. 한 글자가 갑골문에서 시작해서 금문과 대, 소 전체 과정을 거치는 형태 변화 과정이 수록되어있고, 글자가 고대에는 어떤 의미였는지 설명을 잘해놓고 있다. 일본어 원서지만 한자와 일본어 공부를 겸해서 사용해보도록 하라.

『자통』을 이용하기 전에 문자에 대한 이해를 위해서 시라카와 시즈카의 책 몇 권을 미리 읽어보길 추천한다.

- 시라카와 시즈카, 『한자의 세계』 『한자의 기원』 『한자 백 가지 이야기』 『문자강화』
- 오치아이 아쓰시(落合淳思), 『甲骨文字 辭典』 일본어 원서

- 염정삼, 『설문해자주(說文解字注)』 부수자 역해』: '허신'의 설문해자
- 이충구 외, 『이아주소(爾雅注疏)』 6권, 소명출판: 13경 중에 하나, 세계에서 가장 오래된 한자 사전이다. 문자 공부가 깊어지면 이 책이 필요한데 당장 필요한 것은 아니다. 문자 연구는 평생을 두고 하는 것이다.

시라카와 시즈카 선생에 대한 평가는 극단적으로 나뉜다. 하지만 그의 학문적 업적은 누구도 저평가할 수 없다. 그의 학문적 결과물을 보면 인정할 수밖에 없다. 그의 학문적 열정이나 결과물은 '괴물'이라는 표현이 어울릴 것이다. 두어 가지 아쉬운 면이 있다면, 첫째, 글자를 설명하는 과정에서 일본 풍속을 예로 든다는 사실이다. 그 글자는 은주시대(殷周時代) 글자니까 당연히 은주시대 풍속을 바탕으로 설명하면 좋은데 무슨 연유인지 일본의 고대 풍속을 예로 들어 설명하니 이해의 단절이 생기는 점이다. 둘째, 종교를 배제한 학문 영역을 유지하려다 보니 글자 기원 설명에 부족한 면이 있다. 제정일치 시대의 글자를 신을 제외하고 설명하려니 2% 부족함이 있다. 이런 면은 따로 보충해가면서 받아들여야 한다. 그래서 공부는 자기공부가 중요한 법이다.

언어는 말과 글이다. 인간에게는 소리 형태의 '말(言)'이 먼저 있었고 '글자(語)'는 나중에 생겼다. 이 글자를 '문자(文字)'라고 한다. 상징 기호 같은 '문(文)'이 먼저 있었고, 좀 더 발전된 형태의 '자(字)'는 그 뒤에 생겼다. '허신'의 '설문해자(說文解字)'는 '문'을 '설'하고 '자'를 '해'한다는 뜻이다. 문자는 처음에 기호나 그림의 형태로 의미를 담은 것이다. 그것이 상형문자다. 상형문자라고 하면 이집트의 상형문자만 떠올리는데,

고대 문명의 모든 문자는 각자 상형문자가 있었다. 쐐기문자가 그렇고, 한자의 기원인 갑골문자도 상형문자. 여기서 아주 흥미로운 점은, 전 세계의 문명이 쇠퇴하면서 모든 상형문자가 오늘날 사용되지 않는다는 것이다. 예외가 하나 있는데 그것이 '한자'다. 형태를 변화시키고, 의미를 보충하면서 오늘날까지 사라지지 않고 사용되는 문자는 인류사에 '한자'뿐인 것이다. 문명사에서 제일 마지막에 발생했고 오늘날까지 사용하고 있으니 그간 인류가 경험한 정보를 문자에 가장 많이 반영했을 것이라고 본다. 그래서 '한자' 연구가 흥미로운 것이다.

## 역사서

역사 자체를 알기 위해서이기도 하고, 경(經)을 공부하다 보면 앞뒤 정황이나 관련 인물들이 서로 어떻게 연결되었는지, 동시대 다른 장소에서는 어떤 영향을 주고받았는지 알 수 있기 때문에 역사서는 중요하다. 특별히 역사를 공부하면서 기억해두어야 할 것은 '역사는 반복된다'는 것이다. 비슷하거나 동일한 그 사건이 오늘 우리가 사는 이 세상에도 일어날 수 있기 때문에 '그때 그 자리에서 그 사람은 어떻게 그 문제를 해결했는지'를 배우는 것은 좋은 공부다. 여기서 추천하는 책 이외에도 좋은 책이 많이 있지만 우선 기본적으로 5권의 책은 필독서다.

- 『사기(史記)』(표, 서, 본기, 세가, 열전)
- 『전국책(戰國策)』
- 『춘추(春秋)』(좌전, 공양전, 곡량전)
- 『한서(漢書)』
- 『국어(國語)』

『사기(史記)』: 어렸을 때 우리가 보통 읽는『사기(史記)』는『사기열전』이다.『사기열전』은『사기』의 5가지 형식 중 하나인데 이제 표, 서, 본기, 세가, 열전을 다 읽어보길 바란다. 제왕에 대한 기록이 '본기', 제후에 대한 기록은 '세가', 제왕과 제후를 제외하고 기록으로 남길 만한 유명한 사람에 대한 이야기가 '열전', 제도와 문물에 대한 정리가 '서', 몇 년도에 어떤 나라에 무슨 일이 있었는지를 기록한 연대기가 '표'이다. '표'와 '서'가 무슨 필요가 있겠냐 싶겠지만 춘추전국시대의 다른 책을 읽다 보면 '표'와 '서'는 옆에 늘 끼고 있어야 할 정도다. 특히 자신이 정리하고 싶은 주제가 있을 때는 연대기 '표'가 꼭 필요할 것이다. '서'를 읽고 그 당시 문물과 풍습에 대해 알고 있어야 아! 이것이 이런 뜻이구나, 하고 이해할 수 있는 것들이 많다. '서'를 모르면 글은 읽고 있지만 그 말뜻을 아예 이해하지 못하는 경우가 생긴다. 누차 얘기하지만 다른 사람이 쓴 한 권짜리 정리용 '사기'는 참고용으로만 읽고 자신이 직접『사기』를 읽도록 하라.

『춘추(春秋)』(좌전, 공양전, 곡량전):『춘추』는 공자께서 자기 나라인 노나라의 역사를 기록한 역사책(隱公 前 723~哀公 467)이다. 공자의 필법은 앞뒤 정황 설명 없이 워낙 간결했기에 후대 사람들이 읽고 이해하기 어려운 점이 많았다. 그래서 후일『춘추』에 설명을 붙여 주석처럼 만든 책이 여럿 나왔는데, 그중에서 유명한 것이『춘추좌전』,『춘추공양전(公羊傳)』,『춘추곡량전(穀梁傳)』이다. 그중에『춘추좌전』이 가장 유명해서 많이 읽지만 이왕 읽을 때 3권을 같이 놓고 읽어가다 보면 더 많은 것을 깨달을 수 있다. 예를 들면 춘추에 이렇게 기록한 것이 있다.

經: 冬, 十有二月, 祭伯來.

이 글을 읽고 이런 생각을 할 수 있다.

1. 춘추는 經이니 춘추에 이런 내용이 기록되었구나.

2. 冬이라니까 겨울에 있었던 일이구나.

3. 十有二月? 엥? 이건 뭐지?

4. 祭伯來. 제백이 왔다?

이보다 조금 나은 사람들은 아마 이 정도 되지 않을까 한다.

3. 十有二月: 그때는 12월을 10 더하기 2월이라고 표기했다.

4. 祭伯은 채백이라고 읽는다. 제사의 '제'이지만 인명이나 지명으로 쓰일 때는 '채'로 읽는다.

그런데 『공양전(公羊傳)』, 『곡량전(穀梁傳)』에서 이렇게 설명하고 있다.

'왔다'는 개인적으로 우리나라를 방문했다는 뜻. 왜 방문(朝)했다고 쓰지 않았는가? 천자가 직접 관할하는 지역의 제후는 천자의 명령이 없다면, 마음대로 그 지역을 벗어나 제후들을 만날 수 없다. 채백의 외교활동이 잘못된 것이라 보았기 때문에 방문했다고 쓰지 않았다. 예법상 천자 직할지 안의 신하는 외국을 방문할 때 마음대로 화살을 가지고 국경을 나갈 수 없으며, 국경 안에서는 상호 방문 시에 열 가닥의 육포를 예물로 쓸 수 없다. 지존인 주나라 천자를 모시는 신하가 주나라와 동격으로 외교를 할 수 없다.

_『춘추곡량전』


채백은 누구인가? 천자의 대부다. 왜 천자가 파견했다고 말하지 않
았는가? 그가 혼자 도망쳐왔기 때문이다. 도망쳐왔다면 왜 도망쳤
다고 말하지 않았는가? 온 세상이 모두 천자의 땅이므로 나라 밖이
있을 수 없다. 도망쳤다고 말하면 천자에게 나라 밖이 있다는 뜻이
되기 때문에 도망쳤다고 쓰지 않았다.

_『춘추공양전』


이 설명에서 알 수 있는 것은 뉘앙스이고 그 당시 천자와 대부의 관
계, 외교용어 등 많은 것을 알 수 있다. 경(經)인 춘추에는 그런 것을 알
기가 어려워 전(傳)에서 설명을 자세하게 하고 있는 것이다. 선택한 단
어를 보면 그 사람이 대상을 어떻게 여기는지를 알 수 있는 것과 같다.
그래서 전을 읽는 것이다.


『국어(國語)』: 수학, 영어, 국어 할 때 그 국어 아니다. 국(國)은 춘추
시대 '나라'라는 뜻이고, 어(語)는 역사라는 뜻이다. 춘추시대 말 노나라
의 좌구명(左丘明)은 『춘추좌전』과 『국어』 두 권의 역사책을 쓴다. 옛날
에는 『국어』를 『춘추외전』이라고 하고, 『춘추좌전』을 『춘추내전』이라고
부르기도 했다. 주나라의 주어(周語), 노어(魯語), 제어(齊語), 진어(晉
語), 정어(鄭語), 초어(楚語), 오어(吳語), 월나라 월어(越語)까지의 역사
기록이다. 특히 춘추시대와 전국시대의 분기점이 되는 한, 위, 조 3국으

로 분열되기 전의 진(晉)나라 분량이 많다.

　제어(齊語)를 읽다 보면 첫 번째 패자(霸者) 된 제나라의 환공과 그의 책사 관중 이야기가 나오는데 나중에 관자(管子, 관중)를 이해하는 데 많은 도움이 된다. 관중이라는 인재를 얻기 위해서 복수심과 자존심을 버리고 삼흔삼욕(三釁三浴, 몸에 훈향을 3번 쬐고 3번 목욕재계하는 정결의식)을 한 이야기는 환공이 첫 번째 패자가 된 이유를 알 수 있는 부분이기도 하다. 진어(晉語)에서는 두 번째 패자가 된 진나라 문공 이야기를 읽으면서 인생에 어려운 시절은 어떻게 견디는지, 위인은 어떻게 만들어지는지, 지도자도 중요하지만 주변 인물이 얼마나 중요한지 등을 배울 수 있다. 그리고 무지무지 재미있다.

　『전국책(戰國策)』: 전한 말 유향(劉向)이 전국시대 세객들의 책략을 모아 편집한 책이다. 말 그대로 책략집이고 역사서다. 전국시대 각 나라가 얼마나 책략 싸움을 했는지 여실하게 보여준다. 머리싸움, 수(數) 싸움 등 기막힌 것들이 많다. 나라가 어떻게 하면 망하고 흥하는지, 인재가 왜 필요한지, 죽고 사는 위기의 순간에 의(義)는 무엇인지, 사람이 어떻게 살아야 하는지, 죽어야만 한다면 어떻게 죽어야 하는지에 관한 수많은 사례가 있으니 읽고 깊이 생각해보라.

　『한서(漢書)』: 후한의 반고(班固, 기원후 32~92)가 지은 역사서로 사마천(기원전 145~93)의 『사기(史記)』와 쌍벽을 이루는 책이다. 『한서』에서는 『사기』의 기록 체계를 조금 변경해서 본기를 기(紀), 서(書)를 지

(志), 열전(列傳)을 전(傳)이라고 한다(제후에 대한 '세가'도 전(傳)에 포함시켰다). 분량이 좀 많다.

- 『사기』: 총 130편 52만 자(12본기 / 10표 / 8서 / 30세가 / 70열전)
- 『한서』: 총 100권 80만 자(12기 / 8표 / 10지 / 70전)

『사기』에서도 예법, 문물, 풍습 등을 기록한 서(書)가 중요했듯이 『한서』에서도 지(志)가 중요하다. 다른 책들을 보다 보면 '『한서예문지』에 따르면…' 하는 표현을 자주 보게 될 것이다.

500년 춘추전국시대의 전쟁을 끝내고 천하통일을 했던 진시황제(秦始皇帝)의 진(秦)나라가 16년 만에 망하고 한고조 유방이 세운 한(漢)나라의 기록이다. 한나라 역사뿐만 아니라 그 어려운 천하통일을 이루고 왜 진나라가 망했는지를 알려면 한나라 초기 역사를 살펴볼 필요가 있다.

책을 선택할 때는 항상 원문이 있는 것을 선택하라. 명확하게 그 뜻을 알고 싶을 때는 원문을 읽어봐야 하기 때문이다. 그러면서 한문 실력도 늘어가고, 그렇게 공부가 깊어지면 번역이 아니라 원문이 보고 싶어진다.

스스로 관심 있는 시대, 인물을 찾다 보면 점점 눈이 밝아지고 시야도 넓어진다. 나중에는 『만주원류고(滿洲原流考)』까지 관심을 넓혀보라. 고대사와 관련하여 『삼국사기』나 『삼국유사』에서 볼 수 없는 사료들이 많다. 칭기즈칸의 지도력과 관련하여 『몽골비사』도.

역사. 우리 자신을 과거와 단절시키면 현재를 이해할 수 없다. 과거를 외면하거나 과거에 무지하면 누군가 이해관계에 의해 들려주는 조작된 역사 해석을 그대로 믿게 된다. 과거를 잘못 이해하면 오늘과 내일을 제대로 살 수 없다. 조작된 역사를 잘못 배우면 내 인생을 망가뜨린다. 잘못된 판단으로 한 번뿐인 인생을 망치게 된다. 역사는 본인이 직접 자료를 찾아보고 옳게 이해하려고 애써야 한다. 과거를 거울삼아 현재를 살아가는 법을 깨달아야 한다. 우리는 과거로 돌아갈 수 없다. 우리의 과제는 과거에 대한 이해가 지금 이곳에서 무엇을 할 수 있는지를 파악하는 것이다.

爲始苦痛 反復後安.

처음 익힐 때는 괴롭고 힘들다. 반복해서 익숙해지면 편안해진다.

# 제자백가의 집대성,
# 『순자(荀子)』

———— ◆◆◇ ————

　진(晉)나라가 한, 위, 조 세 나라로 분할되는 기원전 453년을 기점으로, 그 이전을 춘추시대라 하고 이후를 전국시대라고 한다. 순자는 대략 기원전 314~238년 인물이기에 천하가 통일로 가는 과정 100여 년을 직접 경험했고 지켜보았다. 진시황제가 천하통일 하는 기원전 221년 이전에 세상을 떠났으나 6국의 멸망과정을 생생히 지켜보았다. 어떻게 하면 나라가 부강해지고, 어떻게 하면 나라가 망하는 길로 가는지를 지켜보았다. 말 그대로 순자는 목격자였다. 또한 통일이 이루어진다면 지도자는 어떠해야 하는지, 나라는 어떻게 다스려야 하는지에 대한 제안이었다. 어느 시대나 눈 밝고 귀 밝은 사람이 있기 마련이다. 춘추전국시대는 날이 새면 전쟁을 하던 시대였다. 그 전쟁 시대에 가장 눈 밝은 자의 관찰기록을 들어보는 것이 『순자』 공부다. 그래서 오늘 이 전쟁 같은 시대에 나는 어떻게 살아야 하는지 생각하는 시간이 될 것이다.

　맹자가 위나라의 양왕(襄王)을 만나는 장면을 이렇게 쓰고 있다.

　　孟子見梁襄王
　　出語人曰 望之不似人君 就之而不見所畏焉

卒然問日 天下惡乎定

吾對日 定於一.

맹자가 양양왕을 만나고 밖으로 나와 사람들에게 말하길 "멀리서 봐도 왕답지 않고 가까이서 봐도 위엄 있어 보이지 않더군." 그런데 뜬금없이 "천하는 어떻게 될까요?"라고 묻길래, 대답하기를 "하나로 통일될 것입니다"라고 했다.

_『맹자』

　'천하의 대세를 논할 인물이 되지도 못하면서 감히 주제넘게 천하의 형세를 묻더라!'라는 비아냥거리는 말이지만 맹자는 천하가 통일될 것이라 예견한다. 천하가 통일되기 100여 년 전에 있었던 일이니, 맹자는 100년 뒤를 내다보는 혜안이 있었다는 말이 되기도 하지만 시대의 흐름을 알 만한 사람은 벌써 통일로 가는 시대의 물결을 보았다는 뜻이기도 하다. 순자(荀子)는 통일이 된다면 통일을 이룰 수 있는 나라는 진(秦)나라나 초(楚)나라일 것이라고 생각했다. 춘추시대 130여 개 나라가 전국시대에 들어와 7개 나라로 정리되었으니 얼마나 많은 전쟁이 있었는지 알 수 있다. 전국칠웅(戰國七雄)이라 불리는 진한위조연제초(秦韓魏趙燕齊楚)가 서로 패권을 다투지만 결국 진나라가 천하를 통일한다.

　전쟁에서 최후에 승리한 진나라 입장에서는 천하통일이지만 나머지 6개국 입장에서는 나라가 망한 경험이다. 우리는 먼저 망한 6개 나라의 입장에서 왜 그 나라는 망할 수밖에 없었는지 살펴보자. 망국의 역사를 보다 보면, 우리도 그 망조를 피해갈 수 있는 지혜를 얻을 수 있기 때문이다.

관자(管子)는 이렇게 말했다.

夫倉庫非虛空也, 高宜非虛壞也, 法令非虛亂也, 國家非虛亡也.
무릇 창고는 까닭 없이 텅 비지 않고, 상인과 벼슬아치는 까닭 없이
무너지지 않고, 법령은 까닭 없이 어지러워지지 않고, 나라는 까닭
없이 망하지 않는다.

夫亡國踣家者, 非無壤土也, 其所事者非其功也.
무릇 나라가 망하고 집안이 무너지는 것은 땅이 없어서가 아니라,
그들이 한 일이 마땅히 해야 할 일이 아니었기 때문이다.

_『管子』卷十七, 第五十二, 七臣七主

나라가 망하는 징조에 대해서 제자백가들은 모두 한결같이 같은 원
인을 말하고 있다. 그런 것을 보면 흥하고 망하는 원인이 특별히 따로
있는 것이 아니라 다 같은 이유에서 결정 난다는 것을 알 수 있다.

우리가 흔히 강태공이라고 알고 있는 태공망의 병법서『육도(六韜)』
에서는 이렇게 말한다.

"때를 따라 농사를 짓지 못하도록 만든다면 그 나라는 망한다."

"죄 없는 사람을 벌주고, 죄 있는 사람을 벌주지 않으면 그 나라는
망한다."

"세금을 과도하게 거두면 그 나라는 망한다."

"웅장한 궁궐이나 높은 누각을 세우는 공사를 하면 그 나라는 망한다."

"벼슬아치들이 백성들에게 가혹하게 굴면 그 나라는 망한다."

어떤가? 오늘 우리나라는 여기서 얼마나 멀리 서 있는가. 아니면 태공망이 지적한 그 모습이 바로 우리나라 모습은 아닌가. 악을 제거하지 못하는 사회. 사회 유지와 보존은 그 사회 안에 있는 악을 제거하고 선을 장려하는 가운데 가능해진다. 오늘날 한국 사회를 보면 선을 장려하는 능력도 약화되었지만 악을 제거하는 능력은 거의 상실해버렸다. 악을 제거하지 못하는 사회는 존속 가능할 수 없다. 명백하게 잘못이 드러났는데도 불구하고 권력과 돈으로 버티는 악. 법망을 요리조리 피하는 악. 대한민국이 아래나 위를 가리지 않고 얼마나 부패했는지 그것이 잘못되었다고 생각조차 하지 않는 지경에 이르렀다.

예로부터 신상필벌(信賞必罰)이 나라의 흥망에 가장 기본적인 힘이었다. '공(功)이 있으면 상을 주고, 죄가 있으면 반드시 벌을 내린다.' 얼마나 간단한 일인가! 하지만 이 간단한 일이 가장 어려워지면 그 사회는 존속할 힘을 잃은 것이다. 사회 지도층이라는 사람들이 자기 능력껏 부정한 짓을 저지르고, 자기 힘닿은 한 부패해버린 이 나라가 유지되겠는가? 자신의 잘못을 잘못으로 인식하지 못하는 사람들이 이끄는 사회가 무너지지 않겠는가? 본인에게 이로운 것이 정의라고 여기는 저 태도로 나라를 제대로 이끌 수 있겠는가? 누구든지 죄를 지었으면 반드시 죄를 물어 벌을 받게 만드는 사회, 그 사회가 자체 정화 능력이 있어서 존속되지 않겠는가? 악을 제거하는 능력을 상실하면 고대로부터 자신을 지킨 나라가 없다.

생업에 종사해야 할 사람들이 광장에 몰려나와 있고, 생산 활동을 해야 하는 시간에 회사 밖에서 구호를 외치고 있다. 법치가 무너지고 있고, 세금은 점점 더 올라가고, 가정경제는 무너지는데 웅장한 시청과 구청 건물은 곳곳에 경쟁적으로 올라가 있다. 영세한 회사들이 세금을 못 내서 쩔쩔매며 사정해도 공무원들은 자기 일 아니라고 통장 압류해서 회사의 활동을 묶어버리고, 정치인들이 국민을 나누어놓고, 국민의 에너지를 쓸데없는 일에 헛되이 쓰게 만들며, 국민은 작은 이익을 얻겠다고 거짓말하고, 공무원들조차 국가 예산을 허투루 쓰거나 개인적으로 빼돌린다. 진정 아래로 국민 개인에서부터 위로 위정자에 이르기까지 나라 전체가 망조에 젖어있는 것은 아닌지, 성찰해야 할 시간이다. 지금 돌아서지 않으면 다시는 돌이킬 수 없는 망국의 길로 들어서게 될 것이다.

순자의 제자였던 한비자는 『한비자(韓非子)』 15편 「망징(亡徵)」에서 나라의 멸망을 초래하는 징조 47가지를 말한다. 몇 가지만 보자.

"법에 의해 금지된 령을 소홀히 하면서 음모와 계략에만 힘쓰며, 나라 안의 정치를 어지럽게 하면서 나라 밖의 원조에만 의지하면 그 나라는 망한다."

"신하들은 쓸모없는 학문만을 배우려 하고, 귀족 자제들은 논쟁만을 즐기며, 상인들은 해외에 재산을 쌓아두고, 백성들의 마음이 피곤해지면 그 나라는 망한다."

"군주가 특정한 사람만 의견을 받아들이면 그 나라는 망한다."

"벼슬자리는 세도가들을 통해 얻고 봉록은 뇌물에 따라 받는다면 그 나라는 망한다."

"군주가 마음이 약해서 일의 성과가 없고 유약해서 결단력이 없으며, 좋고 나쁨을 결정하지 못해서 정치에 확실한 목표를 세우지 못하면 그 나라는 망한다."

"군주의 성격이 고집 세고 화합할 줄을 모르고 간언을 듣지 않고 승부에 집착하며 사직을 돌보지 않고 경솔하게 자신감을 부린다면 그 나라는 망한다."

"나라는 작은데도 낮은 지위에 처하려 하지 않고, 국력이 약하면서도 강대국을 두려워하지 않으며, 예의 없이 강대한 이웃나라를 멸시하고 고집을 세우며 외교에 서투르면 그 나라는 망한다."

"어리석은 자가 정치를 하고 우수한 자는 물러나며, 공적도 없는 사람이 존귀해지고 나라를 위해 애쓰고 수고하던 사람이 천한 대우를 받게 되면 그 나라는 망한다."

순자는 망하는 나라와 흥하는 나라에 대해 아주 간결하게 이렇게 말한다.

具具而存 具具而亡(구구이존 구구이망)
살아남을 조건을 갖추면 살아남을 것이고, 망할 조건을 갖추면 망할 것이다.

너무나 당연한 말이지만 깊은 울림을 주는 말이다. 나라가 망할 때는 망하는 길로만 치달린다. 망하는 나라를 보면 망할 짓만 한다. 망하는 나라가 내리는 결정은 전부 망하는 결정만 내린다. 슬프게도 망하는 길에 들어선 나라는 그 어떤 것으로도 망하는 것을 막을 수가 없다. 나라든, 기업이든, 교회든, 개인이든 외부의 충격으로 망하는 것이 아니라 이미 내부적으로 망해 있다가 외부의 충격에 의해 마지막으로 쓰러질 뿐이다.

『성경』「창세기」에 소돔과 고모라 이야기가 나온다. 동성애와 죄악에 물든 소돔과 고모라 성을 불과 유황으로 심판하는 이야기다. 죄악에 물든 도시를 불과 유황으로 멸망시키는 것이 아니라 이미 죽은 시체를 처리한 것이다. 걸어 다니는 시체들을 처리했을 뿐이다. 소돔과 고모라 성안에 있던 사람들은 이미 스스로 죽은 시체들이었다.

오늘날 대한민국은 어떠한가? 한국교회는 어떤가? 우리 자신의 영혼과 정신, 태도는 어떠한가? 『순자』의 글 '具具而存 具具而亡'처럼 살아남을 조건을 갖추었다면 살아남을 것이고, 망할 조건을 갖추었다면 망할 것이다. 그것이 운명이다. 운명은 하늘이 결정하는 것도 아니고, 타인이 내 운명을 결정하는 것도 아니다. 나의 운명은 내가 결정하는 것이다. 망하든지 살아남든지.

100여 년에 걸쳐서 진(秦)나라는 점점 강해졌고, 나머지 6개국 한위조연제초(韓魏趙燕齊楚)는 망국의 길로 접어든다. 진왕 정(秦王 政, 秦始皇帝)이 천하통일 전쟁을 마지막으로 시작할 때 가장 먼저 멸망시킨 나라가 한(韓)나라다. 기원전 231년에 한나라를 공격하면서 시작된 전쟁은 기원전 221년 제나라를 멸망시키는 것으로 끝이 나니까 10년 만에 6개 나라가 망한다. 500년이 넘도록 싸웠던 나라였는데 10년 만에 망했다? 망조가 들어도 단단히 들었던 것이다.

진나라가 한나라를 침공하자 한나라는 그냥 허물어져 내렸다. 전쟁은 1년 만에 끝이 났다. 한나라의 안왕(安王)이 포로로 잡히고 수도는 함락된다. 한나라의 멸망을 생각하면 안타까운 사실이 한 가지 있는데, 그 당시 한나라에는 한비자(韓非子) 같은 인물이 있었는데도 나라가 망했다는 것이다. 한나라가 망하기 3년 전에 한비자는 진시황제에 의해 죽는다. 정확하게 말하면 옥중에서 독약을 먹고 자살을 하게 된다. 순자에게는 두 명의 제자가 있었다. 한비자와 이사(李斯). 한비자는 한나라의 공자(왕자)였고 이사는 초나라 출신의 하급관리였다. 이사는 순자라는 한 스승 밑에서 한비자와 동문수학했고 후일 진시황제의 책사가 되어 천하를 통일하는 데 일등 공신이 되어 승상이 된다. 하루는 진왕 정(진시황제)이 책을 읽다가 이렇게 감탄을 했다. "이 책을 쓴 사람을 만나서 교분을 나눌 수만 있다면 오늘 죽어도 여한이 없겠구나!" 그 책이 바로『한비자』의 「오두(五蠹)」와 「고분(孤憤)」편이었다. 한비자는 망국의 길로 접어든 자신의 조국 한나라를 되살리는 개혁을 위해 왕에게 바치는 상소문을 올리는데 그 내용이 오두와 고분이다. 그 대상이 아버지 환혜왕(桓惠王)인지 형님 안왕인지는 확실하지 않지만 분명한 것은 나라 살리는 길을 제안한 것이었다. 그러나 그 국정 개혁안은 받아들여지지 않았다. 한비자는 중신(重臣)이라 불리는 기득권 권문세가들로부터 따돌림을 당하며 점점 중앙정치로부터 멀어지게 되었고, 결국 한비자가 올리는 상소는 받아들여지지 않았다. 한나라가 읽어보고 쓸모없다고 구겨서 버린 쓰레기를 뒤늦게 진왕 정은 감탄하면서 읽은 것이다. 그리고 자신도 모르게 감탄이자 한탄조로 내뱉은 말이 "이 글을 쓴 사람을 만나 교분을 나눌 수만 있다면 오늘 죽어도 여한이 없겠다!"였다. 인물은 인물이 알아보는 법입니다. 진시황제였기 때문에 한비자의 글을 알아본 것이다. 정작 간절하게 읽어보라고 올렸던 사람들은 거들떠보지도 않는데 말이다. 그토록 살리고 싶은 자신의 조국 한나라는 망국의 길로 더 깊이 들어가고 있고, 이제 그것을 상관없는 사람으로서 하염없이 지켜봐야만 하는 한비자의 심정이 어땠을지 생각하면 가슴이 저릿해 온다. 망국의 슬픔이 느껴진다. 같은 시대를 살면서 그것을 지켜본 사람이나 오랜 세월이 지나서 그 옛날을 지켜보는 우리나 슬프고 안타깝기는 마찬가지다. 『한비자』가 얼마나 탁월한 책이었는지 이후 제왕학의 교과서가 된다. 실제로 이세황제(二世皇帝) 호혜를 조고가 가르칠 때도 교과서로 『한비자』를 사용한다. 중국 역사에서 역대 황제는 400여 명이 되는데 『한비자』는 제왕의 필독서다.

한(韓)나라는 왜 망했을까? 망할 짓을 했으니 망했겠지. 망할 결정만 내렸으니까 망했겠지. 그렇다면 망할 결정, 망할 짓이 무엇이었는지 알아보자.

순자가 40대 후반이나 50대 초반에 접어든, 기원전 262년에서 260년에 걸쳐 진나라와 조나라 사이에 전쟁을 치르는데 이 전쟁이 전국시대 패권의 판도를 바꾸는 전쟁이 된다. 장평대전이라고 하는 이 전쟁이 양쪽 나라에 얼마나 큰 피해를 입히느냐 하면 향후 25년 동안 큰 전쟁을 서로가 할 수 없어서 전쟁을 피하게 된다. 조나라 군사 45만 명이 한날에 죽게 되는 피해를 입는데, 전국시대 단일 전쟁에서 최대 사망자를 기록했다. 날 새면 전쟁하는 전국시대이니 보니 웬만한 전쟁은 기록하지도 않는 사마천의 『사기 표(史記 表)』에도 이렇게 기록하고 있다.

殺卒四十五萬
병졸 45만 명을 파묻어 죽였다.

조나라는 이후 급격하게 쇠락의 길로 접어든다. 그렇다면 진나라는 괜찮았을까? 진나라도 전군의 병사 절반을 잃었고 물자는 고갈되었다. 진나라는 전력을 회복할 시간이 필요했다. 그래서 숨 고르는 지연작전을 25년 동안 쓰게 되는데, 진나라가 숨을 고르고 전력을 회복하는 그 25년 때문에 한나라의 멸망은 25년 뒤로 미루어진 것이다. 진나라가 국력회복을 위해 25년을 사용했다면 당연히 한나라도 국력을 강화하고 전쟁준비를 할 수 있었다. 하지만 한나라는 그렇게 하지 않았다. 그렇다면 한나라는 무슨 짓을 했을까?

첫째, 안왕은 진나라에 항전하기보다 진나라의 신하 나라가 되기로 결정한다. 기원전 233년『사기 표』의 기록이다.

> 韓使非來, 我殺非, 韓王請爲臣.
> 한나라가 한비를 사자로 보내다. 진왕 정이 한비를 죽이다. 한왕 안
> 이 신하가 되기를 청하다.

한나라의 안왕은 신하로서 진나라 조정에 입조(入朝)를 한다.

둘째, 진나라의 침략 의지를 달래기 위해 조공을 바친다. 조공에는 재물이 필요한데 문제는 이 재물을 어떻게 마련하느냐가 문제였다. 전국시대 각 나라의 역사를 기록한 유향의『전국책(戰國策)』중「한책(韓策)」3~7에는 이렇게 기록하고 있다.

> 秦, 大國也. 韓, 小國也. 韓甚疏秦. 然而見親秦, 計之, 非金無以也,
> 故賣美人. 美人之賈貴, 諸侯不能買, 故秦買之三千金. 韓因以其金事
> 秦, 秦反得其金與韓之美人. 韓之美人因言於秦曰: "韓甚疏秦" 從
> 是觀之, 韓亡美人與金, 其疏秦乃始益明. 故客有說韓者曰: "不如

止淫用, 以是為金以事秦, 是金必行, 而韓之疏秦不明. 美人知內行
者也, 故善為計者, 不見內行."

진나라는 강대국이고 한나라는 약소국이었다. 한나라는 마음속으
로는 진나라를 꺼리지만 겉으로는 친한 척했다. 그런 계책은 황금
없이는 불가능했다. 그래서 미인을 팔아 금을 마련하고자 했다. 그
러나 미인의 가격이 너무 비싸 제후들이 살 수 없었다. 그러자 진나
라가 3천 금을 내고 미인을 사들였다. 한나라가 그 금으로 진나라를
섬기자 진나라는 도리어 금과 미인을 모두 취하게 되었다. 이때 한
나라에서 팔려온 미인이 진나라에 말하길 "한나라의 속내는 진나라
를 꺼려 하고 있다"고 했다. 이를 보건대 한나라는 미인과 금을 잃은
것은 물론 진나라를 내심 꺼린다는 내부사정까지 분명히 드러나게
되었다. 그래서 한 유세객이 한나라를 향해 말하길 "사치와 낭비를
멈추어 금을 마련해 진나라를 섬기는 것이 차라리 나았다. 그랬다면
금은 필요한 곳에 알맞게 쓰였을 것이고, 한나라가 진나라를 내심
싫어하는 정확한 의도도 알려지지 않았을 것이다. 미인은 內行, 즉
국가기밀에 밝은 자들이다. 그래서 훌륭한 지략가는 내행을 보지 못
하게 만든다."


여기서 미인은 한 왕의 후비였다. 자기 아내를 팔아서 금을 마련한
것이다. 남자가 얼마나 못났으면 자기 여자를 팔아서 필요를 채울까?
한 유세객이 지적한 것처럼 한나라는 나라의 미인들을 팔아서 돈을 마
련할 것이 아니라 사치와 낭비를 줄여서 재정을 충당했어야 했다. 왕의
후비를 팔 정도이니 신하와 백성의 딸들은 어땠을까? 오늘날 세계 미인

대회에서 베네수엘라 출신 여성들이 우승을 많이 하면서 '베네수엘라 미인'이 유명해졌듯 그 당시에도 한나라 미인이 유명했다. 나라가 위급한 상황이 되고 경제가 붕괴되고 나면 물건을 내다 팔다가 나중에 팔 것이 없으면 제일 마지막은 젊은 여성을 팔아야 하는 상황이 생긴다. 그 옛날 전국시대에도 오늘날에도 망국 이후에는 똑같은 상황이 반복된다. 구소련이 냉전체제에서 경제가 붕괴되자 러시아의 젊은 처자들은 유럽으로 흩어져 자신을 팔아야 했고, 오늘날 남미의 베네수엘라도 그러하다. 우리나라에서도 위안부 문제가 있는데 나라가 망했기 때문에 생긴 문제다. 누구를 탓하기 전에 우리 자신을 먼저 돌아봐야 하는 사건이다. 이 땅의 남편들, 아버지들은 경각심을 가져야 한다. 다음에 내 차례가 되지 않도록.

이때만 해도 한나라는 소생의 기회가 있었다. 시간이 주어졌기 때문에 다시 정신을 가다듬고 문제를 해결할 수 있었다. 그러나 한나라의 왕과 대신(大臣)들은 문제를 해결하려고 하지 않고 회피했다. 그것도 자기 자신은 손해나 피해를 입지 않고 타인에게 피해를 고스란히 전가하는 그런 방법을 찾았다. 온 나라가 아내와 딸들을 팔아 문제를 해결하려고 하는 어리석은 결정을 한 것이었다. 망하는 나라는 망할 결정만 한다! 구구이망(具具而亡)이다. 그 과정에서 피해는 고스란히 백성들이 져야만 했다. 당연히 한나라 백성들의 마음에는 원망과 한이 깊이 자리잡게 된다. 한비자가 「망징(亡徵)」에서 말한 "백성들의 마음을 곤고하게 만들면 그 나라는 반드시 망한다"가 그런 뜻이다. 나라가 망하고 나면 사랑하는 사람을 보호해주고 싶어도 보호해줄 수 없다. 나라가 망하고 나면 할 수 있는 일이 없어진다. 아내와 딸이 팔려나가는 상황에서 할 수 있는 일이 없어지는 것이 나라가 망하는 것이다. 그래서 나라를 지키는 것이 곧 사랑하는 사람을 지키는 것이다.

한나라가 망한 이유는 많다. 지리적으로 진나라와 국경을 맞대고 있는 인접 국가였기에 당연히 가장 먼저 침략을 받았고, 영토도 가장 작은 나라였다. 또, 사방이 평야로 탁 트여있어서 방어막이 될 산과 강이 없기도 했고 무엇보다 나라의 지도자들이 안일(安逸)에 빠진 것이 가장 큰 원인이었다. '안일'은 안심할 수 없는 상황을 두고 안심하는 것이다. 자기 혼자만의 편안함과 이익을 추구하는 것이다. 안일에 빠진 사람들이 내리는 결정은 이렇다. 사치와 낭비를 줄이고 긴축재정을 펴야 할 때 이들은 필요한 재정을 마련하기 위해 아내와 딸들을 팔았다. 자신부터 먼저 솔선하면서 국방력을 키우고 다가올 전쟁을 준비해야 할 때 이들은 돈으로 평화를 사려고 했다. 구구이망(具具而亡)의 최악은 안일이다.

한나라처럼 힘이 약한 나라가 살길은 무엇일까? 특별한 방법은 없다. 유일한 방법은 자강(自强), 스스로 강해지는 것이다. 스스로 강해져서 자기 힘으로 자신을 지키는 것이 가장 좋다. 자강의 노력 없이 나라가 부강해지는 법은 없다. 그런데 자강의 노력을 기울였는데도 여전히 힘이 모자란다면 어떤 방법이 있을까? 그 부족한 힘을 외교력으로 채우는 것이다. 예나 지금이나 외교의 기본은 원교근공(遠交近攻)이다. 멀리 있는 나라와 손잡고 인접한 나라는 공략한다. 순자와 동시대를 살았던

진(秦)나라의 범저가 주장했던 책략이다. 소진과 장의는 합종연횡(合從連橫)을 주장한다. 외교의 기본은 원교근공 그리고 합종연횡인 것은 알겠는데, 문제는 누구와 손을 잡고 동맹을 맺을지, 손잡은 동맹과 동맹관계 유지는 어떻게 할지, 적대국과 동맹국 사이에서 관계는 어떻게 할지 등이다. 이 모든 것을 그때그때 상황마다, 사안마다 결정해야 하는데 이때 중요한 것은 지도자의 그릇 크기와 주변에 인재가 있느냐 없느냐이다. 한나라의 안왕은 그런 전략을 구사할 인물도 아니었고 더더구나 주변의 간신들에 둘러싸여 한비자와 같은 인재를 쓰지도 못했다. 결과는 망국이었다.

국경을 마주하고 있거나 인접한 국가들이 서로 사이가 좋았던 역사가 없다. 이해관계가 서로 맞부딪히기 때문에 사이가 좋을 수가 없다. 당연한 일이다. 우리는 북한과 국경을 맞대고 있고, 가까이 중국과 러시아 그리고 일본이 있다. 우리의 역사에서, 멀리 떨어진 영국이나 스페인과 전쟁을 한 적이 있는가? 바다 건너 미국과 호주 또는 아프리카 국가와 전쟁을 한 적이 있는가? 멀리 떨어진 나라와 전쟁을 하지 않은 것은 서로 다툴 일이 없기 때문이다. 우리는 역사적으로 중국, 일본 그리고 북한과 전쟁을 했다. 국경을 마주하고 있고 가까이 있었기 때문에 생긴 일이었다. 외교의 가장 기본은 적대국이 누구인지부터 깨닫는 것이다. 그래야 누구와 손을 잡을지가 결정되기 때문이다. 약소국이었던 한나라는 강대국 진나라를 대항하기 위해 6국 연합 합종에 힘을 쏟아야 했다. 그러나 혼자만 살겠다는 생각으로 진나라에 머리를 숙이고 무릎을 꿇고, 돈과 미인으로 평화를 사려다가 결국 나라의 운명이 망국으로 끝이 났다.

고려시대 500여 년, 조선시대 500여 년 도합 약 1,000년 동안 중국의 신하국으로 온갖 멸시를 당하다가 이제 겨우 조금 잘살게 되어 한국인이 중국에서 발 마사지 받은 지가 20년으로 그치고 있다. 일제 식민지는 36년이라고 말하지만 실제로는 50년이 넘는 세월이다. 한 번 당했으면 다시는 똑같은 일을 당하지 말아야 하는데 지금 대한민국 국민 상태를 보면 또다시 그와 같은 상황을 불러들이고 있다. 1,000년의 모욕과 학대도, 36년의 나라 잃은 설움도 오늘 우리에게는 아무 교훈도 가르침도 남기지 않은 듯하다.

# 대강령(大綱領)
## - 학(學)과 화(化)

———— ◆◆◆ ————

　가장 크게 외치고, 가장 멀리 들려주고 싶은 것. "이것이 가장 중요한 것이다! 이것을 위해 나는 살고 죽을 수도 있다"라고 말하는 것이다. 이 것 하나만큼은 꼭 지키고 싶은 것. 공자에게 그것은 학(學)이다. 사람마다 공자 사상의 핵심은 인(仁)이니 서(恕)니 주장이 다르지만 이 모든 것의 출발은 학에서 출발한 결과다. 학은 아무나 하는 것이 아니다. 존 귀한 자가 하는 것이 학이다. 학의 형상은 '존귀한 자(子)가 하늘의 뜻, 천명(爻)을 책상에 앉아 두 손에 쥐고 생각하고 또 생각하는 것'이다. 존 귀한 자라 하면 춘추시대에는 왕족이나 귀족을 뜻했겠지만, 속뜻은 자 신의 존재 이유와 하늘의 뜻을 알고자 깊이 생각하는 사람이다. 하늘이 내게 생명 주셨을 때 왜 주셨는지, 생명을 주셨다면 사명이 있을 텐데 그 사명은 무엇인지 존재 이유를 묻고 찾는 과정이 학의 과정이다.

　『논어』의 첫 글자에 학을 배치한 것이 우연만은 아닐 것이다. 『논어』 는 이렇게 시작한다.

　　學而時習之 不亦說乎(학이시습지 불역열호)

오늘날 학을 '배움'이라고 한다면 학은 어떻게 하는 것인가?

책을 너무 많이 읽어야 한다고 생각하지 마라. 경(經)을 반복해서 읽고 묵상하라. 경은 한 번 읽고 지나갈 책이 아니다. 시간이라는 재판을 1,000년 넘도록 거쳐왔다. 경사자집(經史子集) 100여 권 정도에 세상 원리는 다 있다. 읽으면서 그 뜻을 깨닫고, 살아가면서 의미를 체득하는 것이다. 짧은 시간에 다 깨닫고 체득하려고 욕심부리지 마라.

『장자』의 대강령은 화(化)다. 『장자』를 열었을 때 처음 나오는 내용이 '화하라!'다. 곤(鯤)이 붕(鵬)이 되는 것이다. 물고기가 새가 되는 것이다. 물고기 중에서도 물고기 알같이 작은 것이 하늘을 뒤덮는 두 날개 가진 대붕이 되는 것. 하지만 그것이 쉽게 이루어지는 일이라고 생각지는 마라. 물고기가 새가 된다? 물고기가 물을 떠나면 금세 죽으니, 곧 죽음을 감수하는 일이다. 물고기 알같이 작은 것이 바다를 다 채울 만큼 커지고 나면 물을 떠나야 한다. 먼저 바다를 채울 만큼 커져야지 자기가 놀고, 살고, 일하는 그곳을 다 채우고 나서야 그곳을 떠나는 것이다. 이 바다에서 저 바다로 폴짝대는 것이 아니다. 바다를 다 채울 만큼 커진 물고기는 이제 바다를 떠나지 않으면 바다에서 죽는다. 이래도 저래도 죽는다. 바다를 떠나지 않아도, 떠나도 죽게 된 것이다. 그때 물고기가 사는 길이 화다.

화라는 글자 의미가 그런 뜻이다. 산 사람(亻)이 죽은 사람(匕)이 되고, 죽은 사람(匕)이 산 사람(亻)이 되는 것이다. 학을 하면 화하게 된다.

北冥有魚(북명유어) 其名爲鯤(기명위곤)

鯤之大(곤지대) 不知其幾千里也(불지기기천리야)

化而爲鳥(화이위조) 其名爲鵬(기명위붕)

鵬之背(붕지배) 不知其幾千里也(불지기기천리야)

怒而飛(노이비) 其翼若垂天之雲(기익약수천지운)

是鳥也(시조야) 海運則將徙於南冥(해운즉장사어남명)

북쪽 바다에 물고기가 있는데 그 이름을 곤(鯤)이라 하였다. 곤의 길
이는 몇천 리나 되는지 알 수가 없다. 그것이 변하여 새가 되면 그
이름을 붕(鵬)이라 한다. 붕의 길이가 몇천 리나 되는지 알 수 없다.
붕이 떨쳐 날아오르면 그 날개는 하늘에 드리운 구름과도 같다. 이
새는 태풍이 바다 위에 불면 비로소 남쪽의 바다로 옮아갈 수 있다.
남쪽 바다가 바로 천지이다.


곤이 붕이 되기까지는 익숙하고 최대치로 자란 자신의 세계를 떠나
야 한다는 사실. 죽음을 불사하는 일이라. 이전의 세계관, 믿음체계를
다 벗어나야 하는 일이다. 화는 그런 것이다. 어중간하게 살 생각만 하
면 새가 되어 날아오르지 못하고 뱀이나 되는 것이다. 물고기도 아니고
새도 아닌 어중간한 존재로 전락하게 된다. 대강령 학과 화는 일평생
책을 읽고, 인격을 수양하고, 실력을 쌓으면서 목표로 삼을 것이다.

# 신독(愼獨)과 위선(僞善)

———— ◆◆◆ ————

行言自爲而天下化.

행동과 말은 자신이 먼저 실천해야 천하가 변한다.

_『장자』

夫學者所以自化所以自撫.

무릇 학(學)이란 자신을 바꾸는 것이고 자신을 수양하는 것이다.

_『관자』

비트겐슈타인도 같은 뜻을 전한다. "그저 너 자신을 개선시켜라. 그
것이 네가 세계를 개선시키기 위해서 할 수 있는 유일한 것이다." 화
(化)의 대상은 타인이 아니라 자기 자신이다. 이것을 공자는 위기지학
(爲己之學)이라고 했다. 나 자신을 위한 학(學)이다. 위기지학에서 가장
중요한 것은 신독(愼獨)이다. 홀로 있을 때도 삼간다. '삼가다'라는 뜻의
신(愼)은 마음 심(忄)과 참 진(眞)이 합쳐진 글자다. 마음이 진실하다,
남들이 보지 않는 홀로 있을 때조차도. 타인의 시선을 의식하여 자신을
단정하게 갖추는 것이 아니라 남이 안 볼 때도 스스로 삼가며 자기 자신
에게 믿음을 보이는 것이다. 철저하게 자신과 마주하는 힘이다. 남과는

상관없다. 오로지 자기 자신과의 싸움이다. 세상을 이기는 힘은 자기 자신을 먼저 이길 때 저절로 생긴다. 자기 자신을 마주할 용기가 없을 때 우리는 마주할 다른 대상을 찾는다. 사랑이라는 이름으로 연인을, 우정이라는 이름으로 친구를 찾지만 정작 마주해야 할 대상은 자기 자신이다. 자기 자신을 마주하는 용기 없이 타인을 만나면 그 관계는 건강하지도, 온전하지도 못하게 된다.

자기 자신을 마주하며 스스로에게 믿음직한 대상이 되는 '신독'을 방해하는 최악은 위선(僞善)이다. 거짓 위(僞). 겉으로만 착한 체함. 선을 가장하는 것이다. 선하지 않으면서 선한 척하는 것은 타인을 속여 피해를 입히기도 하지만 결국 위선자 스스로 가장 큰 피해를 입게 된다. 실제는 그렇지 않으면서 그런 척하다 보면, 이중 행동으로 인해 이중의식을 가지게 된다. 이중의식의 마지막은 정신 분열이다. 단순 심리 불안으로 그치지 않는다. 분열된 정신으로 인해 자신의 정신세계와 현실세계가 모두 깨져버린다. 위선으로 자기 내면에서 참과 거짓의 경계를 무너뜨렸는데 바깥 세계의 참과 거짓은 어떻게 경계 지을 수 있겠는가? 위선 자체가 거짓이기 때문에 위선적인 인물은 거짓말과 거짓된 행동으로 인해 스스로 망한다. 망가뜨리지 않아도 자멸하는 것이다.

이 시대 우리의 허위(虛僞)의식은 이러하다. 첫째, 자신이 주장하는 대로 자신은 살지 않고 타인들만 그렇게 살라고 요구하는 것, 둘째, 정의를 외치는 것만으로 마치 자신이 정의로운 자가 된 것처럼 착각하는 것이다. 정의를 외친다고 정의로운 사람이 되는 것이 아니라 정의로운 행동을 할 때 정의로운 사람이 되는 것이다.

# 진리, 자유, 책임

———— ◆◆◆ ————

　가진이후진가(假眞以後眞假). 가짜가 진짜가 되면 그다음에 무슨 일이 생기는가? 진짜가 가짜가 된다. 이게 무서운 것이다. 길이를 재는 자의 눈금이 틀리면 사물의 길이를 알 수 없다. 진리가 없으면 저마다의 의견을 진리라고 우기게 된다. 역사상 '가장 큰 전쟁은 무엇인가?'라고 묻는다면, 장평대전도 아니고 펠레폰네소스 전쟁도 아니고 1, 2차 대전도 아니고 현재 내가 고통받고 있는 현재 진행 중인 전쟁일 것이다. 매 순간 죽음의 위협이 있는 지금 이 순간, 내가 참전하고 고통받는 이 전쟁이 가장 큰 전쟁이다. 누구든 상대적으로, 자기중심적으로 상황을 보기 때문이다. 기준이 없으면 저마다 크고 작은 것이 달라진다. 6이라는 숫자를 위에서 보면 9로 보일 것이다. 밑에서 보는 사람은 6이라 하고, 위에서 보는 사람은 9라고 하면서 서로 자기가 옳다고 한다. 그래서 위와 아래를 기준으로 정해야 그 숫자를 정의할 수 있다.

> 人之所以爲人者, 何已也? 曰, 以其有辨也.
>
> 사람을 사람이라 할 수 있는 근거는 무엇인가?
>
> 사람에게는 분별력이 있다는 것이다.
>
> _『순자』

유토피아는 존재하지 않는 땅이라는 뜻이다. 이상사회를 죄인들이 만들려다 보니, 만들고 보면 지옥이다. 그것이 프랑스 대혁명의 결과였고 공산주의였다. 프랑스 혁명으로 역사가 진보한 것이 아니라 그렇게 하면 안 된다는 교훈으로 역사는 진보한 것이다. 성공 사례가 아니라 실패 사례. 프랑스 혁명의 구호 '평등, 자유, 박애'는 혁명으로 이루어진 것이 아니라 그런 혁명 방식으로 공포정치를 하면 안 된다는 깨우침으로 이루어진 것이다. 영웅화할 것 없다. 그러면 안 된다는 깨우침을 남겼을 뿐이다. 자유와 평등은 상호모순이다. 자유하면 불평등해지고, 평등하면 부자유하게 되는 역설이다. 평등은 듣기 좋은 말이지만 대부분 자기보다 아래에 있는 사람과는 평등해지기 싫어하고 자기보다 위에 있는 사람과 평등해지고 싶은 심리다. 따라서 평등을 외치는 무리는 구호로만 평등을 외치고 실제로는 평등해지고 싶지 않은 족속들이다. 평등이라는 슬로건을 통해 자기 이익을 얻겠다는 이기적인 심리다. 한 배 속에서 태어난 형제도 평등하지 않은데 어떻게 세상 사람들이 평등해질 수 있는가 말이다. 한 지붕 아래에서도 평등이 이루어지지 않는데 어떻게 세상이 평등해질 수 있는가. 평등이란 결과의 평등은 불가능하고 기회의 평등이면 아주 좋은 것이다.

개혁은 보수주의가 하는 것이고, 파괴는 소위 진보주의가 하는 것이다. 진보는 앞으로 나아가는 것인데 실제로 그들이 하는 짓은 퇴보다. Progressive가 아니라 Regressive다. 모든 것을 무너뜨리고 파괴했고 또 지금도 파괴하고 있다. 천붕지괴(天崩地壞)를 줄여서 붕괴(崩壞)라고 하는데, 하늘이 무너지고 땅이 꺼지는 것이 진보는 아니다. 소위 진보주의자들이 만드는 세상은 붕괴다.

혁명은 그동안 인류가 오랜 세월 쌓아온 귀중한 것들을 모두 파괴한다. 나뭇잎이 뿌리를 뽑아버리는 격이다. 그래서 개혁, 갱신, Renewal 하는 것이다. 개혁이란 보수(保守)할 것은 지키고 발견된 결함은 신중하게 고쳐나가는 것이다. 혁명의 이름으로 삶의 기반을 다 파괴하고 나면 어디에 발붙이고 살 것인가? 목숨이 붙어있는 동안에는 현실에서 살아야 한다. 꿈속에서 살 수는 없지 않은가. 배고프면 먹어야 하고 목마르면 마셔야 하는 것이다. 혁명의 유토피아는 언제나 디스토피아로 끝났다. 오늘날에도 똑같은 일들이 벌어지고 있다. PC(Political Correctness)니 다양성이니 들먹이면서 언어를 통제하고 사상을 통제하며 자기 이념만 받아들이라는 전체주의 사회를 만들고자 하는 시도가 그것이다. 자유민주주의 국가에서 이슬람 혐오는 안 되고 기독교 혐오는 해도 되는 것인가? 심지어 신성모독도 버젓이 하면서 이슬람 모독은 불가능하다? 자유는 죽어가고 있다. 표현의 자유가 죽으면 종교의 자유도 죽고 모든 자유는 죽는다. 인권이니 다양성이니 하는 이름으로 국가사회와 기독교를 해체하고자 하는 시도를 지금 막지 않으면 언젠가는 원치 않는 곳에 도착해있을 것이다. 인권이나 다양성 그 자체는 소중한 가치다. 그 자체가 잘못된 것이 아니다. 그것을 이용해서 숨은 목적을 이루고자 하는 게 문제다. '소수 인권 존중'이라는 이름으로 '다수의 인권'을 말살하고 있다.

군사는 전략과 전술이고 정치는 정책이다. 전략과 전술이 잘못되면 전쟁에서 패한다. 곧 죽음이다. 국민을 살리는 정책이 죽이는 결과를 가져온다면 그 정책은 잘못된 것이다. 정책을 세울 때는 신중해야 하고 실험적인 정책은 일시적, 소규모, 제한적으로 해보고 그 성공과 실패 여부에 따라 조심스럽게 확대해나갈 수는 있다. 그러나 전 국가적 규모로 승패도 모르는 정책을 무리하게 시행하는 것은 국가를 망하게 하고 국민을 죽이는 결과를 가져온다. "그럴 줄 몰랐다"거나 "그럴 의도는 아니었는데…"는 변명이 될 수 없다. 국가 경영은 실험하면 안 된다. 실험하듯이 실시한 현재 유럽 이민정책은 나라를 망하게 할 수도 있다. '기초생활비 지급'이라는 정책도 북유럽 국가에서 일부 도시에서 시행해보고 불가능하다는 결론을 내렸다. 스위스는 실험해보지도 않고 국민투표를 통해서 거부했다. 이성적이고 현실감각이 있는 국민들이 내린 결론이다. 한 국가의 경제가 붕괴되면 얼마나 많은 국민이 죽음이라는 대가를 치르는지 역사를 통해서 익히 봐왔다. 현실을 도외시한 이상적 이념에 기반한 경제정책과 국가 경영은 국민을 죽음으로 몰아간다. 한 번 난 물길은 바꾸기 어렵다. 그래서 처음 물길을 내는 것이 중요하다.

노자는 약팽소선(若烹小鮮)이라 했다. 큰 나라를 다스리는 것은 작은 생선을 익히듯 해야 한다는 뜻이다. 작은 생선을 구울 때 자꾸 뒤집으면 부스러져 먹을 게 없어진다. 정책이 왔다 갔다 하면 그리되는 것이다. 한비자는 말한다. "소꿉놀이로 배부를 수는 없다. 온종일 밥, 국, 나물, 탕을 먹었으나 집에 돌아가서 밥을 먹는다." 이상과 현실은 이런 것이다. 프랑스 혁명 구호 '평등, 자유, 박애'는 개혁 구호 '진리, 자유, 책임'이 되어야 할 것이다.

# 천 리 길을 가려는 자

◆◆◆

蜩與鷽鳩笑之曰(조여학구소지왈),

我決起而飛(아결기이비) 槍楡榜(창유방)

時則不至(시즉부지) 而控於地而已(이공어지이이)

奚以之九萬里而南爲(해이지구만리이남위)

適莽蒼者三飡而反(적망창자삼손이반)

腹猶果然(복유과연)

適百里者宿春糧(적백리자숙용량)

適千里者三月聚糧(적천리자삼월취량)

之二蟲又何知(지이충우하지)

매미와 작은 새가 그것을 보고 웃으면서 말했다. '우리는 펄쩍 날아 느릅나무 가지에 올라 머문다. 때론 거기에도 이르지 못하고 땅에 떨어지는 수도 있다. 무엇 때문에 9만 리나 높이 올라 남쪽까지 가는가?' 가까운 교외에 갔던 사람은 세끼를 먹고 돌아온다 해도 배는 그대로 부를 것이다. 백 리 길을 가려는 사람은 전날 밤에 양식을 찧어 준비한다. 천 리 길을 가려는 사람은 석 달 동안 양식을 모아 준비한다. 이 두 벌레는 또한 무엇을 아는가?

_『장자(莊子)』,「소요유(逍遙遊)」편

인생은 동네 한 바퀴 돌다 오는 길이 아니다. 백 리 길 가는 것도 아니고, 인생은 천 리 길을 가는 것과 같다. 천 리 길을 떠나며 동네 한 바퀴 돌다 올 것처럼 집을 나설 수는 없다. 천 리 길을 떠날 준비를 해야 한다.

장자가 슬퍼하는 것은 인생의 짧음이 아니라 짧은 삶을 엉뚱한 데 소진하는 잘못된 삶의 태도이다. 현재 나의 이 모습, 이 상태로 세상에 나가면 백전백패, 나가자마자 죽게 되어있다. 세상을 바꾸는 것은 고사하고 그 세상에 적응하지도 못한 채 압도되어 내가 먼저 죽게 된다. 젊음은 늘 준비가 덜 된 상태다. 젊은 날은 인생을 준비하는 시기다. 준비하라. 제대로. 자신의 무능과 무지를 인정하고 겸손하게 묻고 배우고 스스로 생각하며 신중하게 결정을 내리는 그 과정을 살면, 미쳐 돌아가는 굿판에 장단 맞추지 않을 것이다.

> 求木之長者 / 必固其根本 / 欲流之遠者 / 必浚其泉源 / 源不深而
> 望流之遠 / 根不固而求木之長 / 臣知其不可.
> 나무를 크게 키우려면 / 필히 그 뿌리를 튼튼하게 해야 하고 / 물을
> 멀리 흐르게 하려면 / 필히 그 원류를 깊게 해야 한다 / 물의 근원이
> 깊지 않으면서 멀리까지 흘러가기를 바라고 / 뿌리가 튼튼하지 않
> 으면서 나무가 크게 자라기를 바라는 것은 / 신이 알기로는 불가능
> 하다.

『정관정요(貞觀政要)』에 나오는 글인데 위징(魏徵)이 태종(太宗)에게

들려주는 말이다. 젊은 날 목표가 원대하다면 반드시 마음에 새겨둘 글이다. 사람의 본바탕이 커지지 않으면 그가 원하는 것을 이룰 수 없다. 원하는 것은 많고 크며, 그것을 담을 그릇은 작기 때문이다. 먼저 해야할 일은 사람됨을 크게 준비하는 것이다. 하늘에서 비는 공평하게 내리지만 그릇의 크기에 따라 담기는 빗물의 양은 다르다. 종지 그릇은 딱 종지 그릇 크기만큼, 큰 독은 독 크기만큼 빗물이 담기는 것은 인생에도 그대로 적용되는 원칙이다.

무엇보다 젊은 날은 첫째, 언어 공부에 매진해라. 언어는 어릴 때, 젊은 날 해야 평생 도움이 된다. 한자, 라틴어, 영어, 일어는 기본이다. 그 이상은 필요에 따라 하면 된다. 둘째, 책 공부는 일차적으로 30살 되기 전에 마치도록 해라. 그리고 일평생 반복해서 읽고 또 읽고, 생각하고 또 생각하며 살아가는 것이다. 인생을 좀 살아보니 이런 일은 젊은 날에 해야 할 일이더라.

# 왜
# 역사(史)를 공부해야 하는가?

◆◆◆

과거에서 배우지 못하는 사람은 실패를 반복하는 운명을 맞게 된다. 불완전한 도구는 불완전한 결과를 만든다. 불완전한 도구를 반복해서 사용하면 결과는 더 엉망이 된다. 역사적 사건을 오늘날 이해하려면 최대한 정보를 습득하고, 재구성하고, 의미를 파악해야 한다. 정보가 편향되거나 부족하면 역사를 오인하게 되거나 그 역사를 통해 나 자신에게 그릇된 사상을 주입하려는 자들에게 이용당하게 된다. 정신적 노예가 되는 것이다.

역사를 공부하는 이유는 해 아래 새것이 없기 때문이다. 춘추전국시대를 공부하는 것은 지금 이 시대가 춘추전국시대와 비슷하기 때문이다. 전쟁사를 공부하는 이유는 오늘을 사는 것이 전쟁 같기 때문이다.

역사는 아픔의 결과다. 역사가 되기까지 슬픔과 고통이 산처럼 쌓이고 비처럼 내려야 하는 것이 역사다. 하루에 몇 번 오줌 누고 똥 누는 것이 역사가 되지 않는다. 일주일 전 맛집에서 먹은 음식이 무엇이었는지도 역사가 되지 않는다. 세상의 토대가 무너지고 한 인간과 국가가 뒤틀리고 깨지고 박살이 나는 것, 나라의 운명이 바뀌고 새로운 기세로 일어난 것, 절망과 고통 속에서 망할 수밖에 없는 사람과 나라가 다시 일어난 것들이 역사가 된다. 그 과정에 얼마나 많은 땀과 눈물과 피가 흘렀겠는가! 그런 것이 역사다. 그래서 역사를 읽어야 한다. 역사는 아픔의 기록이고 기적의 기록이다. 역사는 어떤 행동에, 어떤 결정에 따르는 결과를 명확하게 보여준다. 그래서 역사를 많이 알수록 현명해지고 지혜로워지는 것이다.

분별력은 역사 지식에서 나온다. 우리는 지금 분별력이 더 많이 요구되는 시대를 살고 있다. 분별력이 없으면 소위 지식인이나 전문가라는 사람들에게 속는 시대가 되었다. 길이, 무게, 크기를 재는 기준이 왔다 갔다 한다면 그것은 기준이 될 수 없다. 진실을 알려주는 통계조차 조작하는 세상이 되었다.

일이 드러나기 전에는 직관력과 통찰력이 중요하고, 사태가 진행 중일 때는 분석력과 판단력이 중요하다. 결국 중요한 것은 최종 판단력이다. 판단력에 의해 국가와 개인의 운명이 달라질 수 있다. 올바른 판단을 내리지 못하면 나라도 개인도 망한다. 하지만 판단을 정확하고 올바르게 내릴 수 있다면 망할 나라도, 개인도 다시 살아날 수 있다. 숙명(宿命)은 날 때부터 타고난 운명, 피할 수 없는 운명이다. 운명(運命)은 앞으로 닥칠 여러 가지 일이나 사태이다. 숙명은 일어날 일이 일어나는 것이고, 운명은 일어날 일이 일어났으나 나의 노력, 선택, 결정이 그 흐름을 바꿀 수 있는 것이다.

다른 역사적 경험은 다른 가치관과 판단력을 가져온다. 오늘날 우리 사회의 세대 간 갈등이라는 것이 그렇다. 세대 간 가치관 차이는 자연스러운 것이다. 하지만 역사적 경험은 다를지라도 역사를 올바로 알고 판단할 수 있는 능력은 갖추어야 한다. 생존을 위해서라도. 역사적 경험이 다른 후세대는 우리나라 역사를 읽을 때 자신을 타자화, 객관화하지 말고 그 시대, 그 상황으로 들어가 그 사람 입장이 되어 읽어봐야 한다. 예를 들면, 구한말 시대 상황 속에서 네가 이완용이라면 어떤 결정을 내릴지, 해방을 맞이했지만 1945년 시대 상황 아래 네가 이승만 대통령이라면, 6.25 전쟁 당시 낙동강 전투에서 백선엽 장군이라면, 1960년대와 1970년대 세계질서 속에서 네가 박정희 대통령이라면…. 그 시대적 상황과 배경을 무시하고 오늘 내가 살고 있는 이 환경과 시대 상황으로 그 사건과 인물을 바라본다면 올바른 판단을 내릴 수 없다. 그 시대 속으로 들어가 보라.

역사는 사실 기준 이전에 상황 기준으로 해석할 줄 알아야 한다. 먼저 상황을 보고 그 상황 속에서 이후 전개된 사실을 봐야 정확하게 보인다. 역사적 결과만 놓고 보면 역사를 제대로 이해할 수 없다. 더구나 이념으로 역사적 사건을 해석하면 그것은 역사가 아닌 것이 된다.

구소련은 1991년 붕괴 후 모든 교육 현장에서 역사교육을 10년 동안 중지했다. 공산당이 만든 가짜 역사가 아니라 진짜 역사 교과서를 만드는 기간 동안 학교에서 역사를 가르칠 수 없던 것이다. 구소련에서 가르쳤던 역사 교과서를 후세에 가르칠 수는 없었다. 역사는 자긍심 고취용이 아니라 부끄러운 과거라 할지라도 있는 그대로의 사실을 후세에 전해야 한다. 역사를 왜곡하면 가장 피해를 보는 것은 후세대이다. 최악은 정치 이념에 의해 역사적 사실을 뒤집는 것이다. 자기 이념과 사상에 맞춰서 역사적 사실을 조작하고 가르치면 후세대는 역사적 단절 상태에 빠져버린다. 이보다 더 큰 불행은 없을 것이다. 본체가 고요하면 현상도 고요해진다. 본체가 어지러우면 현상도 어지러운 법이다. 우리 사회의 혼란은 교육으로 정신이라는 본체를 바로 세울 때 조용해질 것이다. 그래서 역사교육이 중요하다. 역사를 가르치지 않는 것도 잘못되었지만 잘못 가르치는 것은 더 큰 잘못이다. 역사를 알려주지 않는 것도 잘못되었고, 자기 이념과 사상에 유리한 한쪽 면만 보여주거나 자신에게 불리한 사실은 왜곡해 알려주는 것 또한 우리 자식들에게 죄를 짓는 일이다.

왜곡된 역사교육을 받으면 우리 자식들이 훗날 세상을 뒤집어놓고, 어미, 아비에게도 총칼을 겨누며, 피를 흘릴 만큼 흘리고 나서 이렇게 말할지 모른다. "그래야 되는 줄 알고 죽창을 들었는데… 그것이 옳은 줄 알고, 그것이 새로운 세상을 열어줄 것 같아서, 이상이 실현될 줄 알고…." 중공의 문화대혁명이 한국 땅에서 반복될지도 모른다. 역사를 제대로 알지 못하면, 선전과 선동에 넘어가면, 판단력이 부족하면 그와 같은 일은 또다시 일어난다. 역사는 동일, 유사 사건의 반복이기 때문이다.


세계사를 먼저 알고 나면 한국사가 명확해진다. 전체 판도 안에서 우리가 어떻게 살았는지를 알게 된다. 힘이 지배하는 국제 관계 속에서 자신을 냉철하게 바라보고 평가할 필요가 있다. 그렇지 않으면 어설픈 허상에 빠져 편협한 역사관을 가지게 된다. 등신이 되는 것이다. 소위 국뽕 왜곡 역사를 한국사로, 야사를 정사로 알고 살게 된다.

# 진리, 진실, 사실, 현실

———◆◆◆———

실사구시(實事求是, Truth from Facts). 한국사를 공부하다 보면 18세기에 이르러야 듣게 되는 용어다. 주자학과 대별되는 실학이 나오면서 듣게 되는 실사구시는 '사실에 토대하여 진리를 탐구하는 일'이라는 의미다. 관념적인 주자학의 한계를 절감했을 때 저절로 나오는 반응이다. 현실을 도외시한 해결책은 실질적인 문제 해결법이 될 수 없다. 진리가 현실에 바탕을 두지 않으면 뜬구름 잡는 관념의 유희가 된다. 영성도 현실에 바탕을 둔 영성이 아니라면 신비주의가 되는데, 현실에 바탕을 두지 않는 경제, 정치가 어떻게 진실이 될 수 있겠는가? 사람은 언제 실패하는가? 자신이 보고 싶은 것만 보고, 듣고 싶은 것만 들을 때 실패한다. 전쟁, 작전의 승패도 현실에 바탕을 두지 않으면 실패한다.

병법의 핵심을 한 단어로 표현한다면 속일 궤(詭)일 것이다. 당태종과 이위공(이정)의 문답형식 병법서 『이위공문대(李衛公問對)』에 나오는 말이다. 적을 완벽하게 기만할 수 있다면 이길 수 있다. 수많은 전략 전술 명칭이 있지만 한마디로 속임수(詭)다. 전쟁사에서 그 사례는 수없이 많다. 인생사도 마찬가지다. 타인에게 속지 않는 것도 중요하지만 정작 중요한 것은 자기 자신을 속이지 않는 것이다. 정확하게 표현하면 자기 자신에게 속지 않는 것이다. 그때 그 순간의 감정, 욕심, 욕망에 스스로 속지 않는 것이다. 얼마나 자신을 객관적으로 볼 수 있느냐에 달린 일이다. '자기 객관화 능력'을 오늘날 '메타인지'라고 한다. 실패는 밖에서 시작되는 것이 아니라 내 안에서 언제나 시작된다.

생각할 수 있는 능력을 부여받았다는 것은 생각하라는 것이다. 천착(穿鑿), 뚫을 천, 뚫을 착. 구멍을 뚫다, 끝까지 캐다, 학문을 깊이 연구하다. 어떤 원인이나 내용을 따지고 파고들어 알려고 하거나 연구하다. 공부를 하건 사업을 하건 끝까지 파고드는 탐구심이 있어야 한다. 완벽할 수는 없지만 할 수 있는 만큼은 준비하겠다는 마음이 있어야 원하는 일을 이룰 수 있다. 영리하고 재주가 있다는 뜻의 총명(聰明)이라는 말이 있다. 귀 밝을 총, 눈 밝을 명이다. 귀가 밝으면 밝은 귀로 최대한 많이 듣고, 눈이 밝으면 밝은 눈으로 최대한 멀리 봐야 한다. 그것이 '총명'의 진정한 뜻이다. 능력이 주어졌다는 것은 그 능력을 쓰라는 뜻이다. 그것도 제대로 써야 한다. 생각할 수 있는 능력이 있다는 것은 생각을 하라는 뜻이고, 생각을 제대로 했을 때 그 생각하는 능력이 사람을 이롭게 한다는 것이다. 그것이 비평적 사고력(Critical Thinking)이다.

人心一偏
遂視有爲無
造無作有.
사람의 마음이 한 번 치우치게 되면 마침내 있는 것을 보고도 없다고 하고 없는 것을 날조하여 있는 것으로 만든다.
_『채근담』

글을 읽었다고 읽은 글대로 사는 것은 아니더라. 공부를 많이 하고 아는 것이 많아졌다고 선하게 되는 것도 아니더라. 달콤한 위로가 잠시 위안은 될지언정 그 사람을 두 다리로 일어서게 하지는 못하더라. 그를 두 발로 일어서게 만드는 근본적인 힘은 현실 인식이다. 현실은 그렇게 우호적이지도 않고 공평하지도 않으며 아주 냉정하다.

사람은 특정 상황에서 자신의 성격적 약점에 굴복하기 쉬운 존재다. 그래서 세상은 악으로 가득 차 있다. 인간은 왜 이리도 악한가? 약하기 때문이다. 약하고 악한 인간이 진리를 마주하는 것은 고통이다. 하지만 진리를 바라본다는 것은 세상을 살면서 휘말리게 되는 파괴적 욕망에 매몰되지 않을 것을 의미한다. 온갖 시련 속에서도 훌륭하게 처신할 수 있다. 진리를 바라본다는 것은 그런 뜻이다. 위대한 정신은 현실을 탓하지 않는다. 삶을 혐오하지도 않고, 하나님을 원망하지도 않는다.

역사를 공부하다 보면 진리를 정면으로 마주할 용기가 필요하다. 사실을 알게 되면 그동안 믿어왔던 신념 체계가 다 무너질까 봐 진실을 외면하는 게 되는데, 그 역시 역사 왜곡이다. 일본의 식민지 지배는 일본의 침략도 원인이지만 그 침략을 불러들인 조선의 무능이 근본 원인이다. 일본을 탓하기 전에 먼저 우리 자신의 무능을 탓할 줄 알아야 미래가 있다. 최남선은 말했다.

"우리 조선은 망하는 데도 실패했다."

우리는 봉건제에서 근대국가로 근대화하는 과정에서 충분한 대가를 치르지 않았다. 그래서 지금 피를 흘리고 있는지도 모른다. 봉건 신분

계급제가 무너지는 과정에서 피 흘리지 않은 나라가 없었다. 영국과 프랑스가 그랬고 미국이 그랬다. 앙드레 모루아의 영국사, 프랑스사, 미국사를 보라. 간단한 요약정리만 보더라도 얼마나 오랜 세월 수없이 피를 흘렸는지를 알 수 있다. 전 세계 어느 나라도 신분 계급제의 붕괴를 피 흘리지 않고 이룬 나라는 없다. 하지만 우리는 일제 식민 지배 기간에 신분제가 철폐되었다. 그냥 녹아내린 것이다. 피 흘린 쟁취가 아니라 힘 있는 외부 세력에 의해 강제된 신분 계급제 철폐. 다행이라면 다행이었다. 1894년 청일전쟁의 효과였다. 전쟁에서 승리한 일본과 패한 청나라가 맺은 시모노세키조약을 보면, 조선이 중국의 속국 또는 신하 나라였다는 것을 알 수 있다. 제1조의 내용은 이렇다.

> 청은 조선이 완전무결한 자주 독립국임을 확인하며 무릇 조선의 독립 자주 체제를 훼손하는 일체의 것, 예를 들면 조선이 청에 납부하는 공헌, 전례 등은 이 이후에 모두 폐지하는 것으로 한다.

청일전쟁으로 인해 고려와 조선 1,000년 동안 중국에 묶여있던 사슬이 끊어졌다. 일본에 종속되면서 중국과의 종속이 끊어졌는데 그래서 무엇이 달라졌는가, 라고 물을 수 있다. 다른 나라의 속박에 묶인 것은 달라지지 않았다. 중요한 것은 우리 자신의 힘으로 중국과의 불평등 관계를 단절하지 못했다는 것이다. 이후 일본 식민 지배로부터 해방되는 것도 우리 자신의 힘과 노력만으로 이루지 못했음을 인정해야 한다. 광복군 활동으로 우리나라가 독립한 것이 아니다. 광복군은 독립을 위해 노력했지만 일본의 상대가 되지 않았다. 광복군이 천여 명 될 때 당시 일본군은 120만 명이 넘는 대군이었다. 일본은 당시 해군력으로 세계 1위였다. 1920년대에 이미 항공모함을 20척 가지고 있었다. 100년이 지난 지금도 우리에게 1척도 없는 그 항공모함을 그 당시 일본은 20척 가지고 있었다. 그 역사적 사실을 직시하고 인정할 줄 알아야 같은 역사를 반복하지 않게 된다. 그것이 실사구시(實事求是, Truth from Facts) 정신이다.

1961~1979년 근대화 기간 구호는 "잘살아보세"였다. 우리도 한번 잘살아보세! 그전에는 잘살아보려는 생각 자체가 불가능했다. 조선 500년 양반 귀족의 탈취와 수탈은 백성들의 살아보려는 의지를 무력하게 만들었다. 잘살아보려는 시도 자체가 아무 소용없다는 그 절망과 마비된 정신이 구한말 시대 상황을 만든 것이다.

조선시대 신분 계급사회가 만들어낸 비극이자 지도자들의 무능과 부패가 만들어낸 현실이 얼마나 비참했는지는 〈애절양〉이라는 정약용의 시를 읽으면 알 수 있다.

〈애절양(哀絶陽)〉

노전 마을 젊은 아낙 울음소리 그치지 않네.
관아 향해 슬피 울며 하늘에 호소하네.
남정네 전장에 나가 못 오는 일 있다지만
남자 성기 잘랐단 말 자고로 못 들었네.

시아비 상복 막 벗고, 태어난 아기는 탯줄도 마르지 않았는데

삼대의 이름이 다 군보(軍保)에 실리다니

달려가 호소해도 범 같은 문지기 가로막고

이정은 호통치며 외양간 소까지 몰아가네.

칼 갈아 방에 들더니 선혈이 낭자해라. 스스로 부르짖길,

"아이 낳은 죄로구나!"


누에 치던 방에서 불알 까는 형벌도 억울한데

민나라 자식의 거세도 진실로 또한 슬픈 짓이거늘

자식 낳고 사는 건 하늘이 주신 이치여서

하늘 닮아 아들 되고 땅 닮아 딸이 되지

말 돼지 거세하는 것도 가엾다 이르는데

대 이어갈 생민들이야 말을 더해 무엇하리요.


부호들은 일 년 내내 풍류나 즐기면서

쌀 한 톨 비단 한 치 바치는 일 없거늘

다 같은 백성인데 왜 이리 차별일까.

객창에서 거듭거듭 '시구편'을 읊조리네.


이 시는 다산 정약용이 1803년 근처 마을에 사는 어느 백성이 자신의 성기를 절단한 것을 애통해 하며 지은 시다. 갈밭에 사는 백성이 아기를 낳은 지 사흘 만에 군적에 편입되고 관청에서 소를 약탈해가니 자신의 성기를 스스로 잘랐다. 아내가 피가 뚝뚝 떨어지는 남편의 음경을

가지고 관청에 나가 울면서 하소연하였지만 문지기가 막아버렸다. 부정부패에 울분이 찬 농부가 자신의 성기를 절단하고 그 아내가 남편의 성기를 안고 울부짖는 사연이다. 이때가 지금으로부터 200년 전의 일이다. 그리 멀지도 않은 때에 이런 일들이 비일비재했었다. 그런 시대를 살아가는 백성들이 잘살아보려는 의지를 가질 수 있었겠는가? 농사를 지으면 수탈해가고, 재산을 늘리면 이런저런 이유로 다 뺏어가는데 어떻게 잘살려고 할 수 있단 말인가. 1800년대 후반 구한말에는 온 나라가 이런 상황이었다. 그런 세상이라면 망해야 당연하지 않겠는가?

진실과 사실은 현실 상황을 고려해 자기 머리로 생각해야 한다. 진실과 사실은 비현실적 바탕 위에서 타인의 입을 통해 전해지는 법이 없다. 스스로 생각하지 않으면 진실이나 사실을 마주할 수 없다. 스스로 생각하지 않으면 누군가 들려주는 거짓을 진실이라고 믿고 살아갈지도 모른다. 『데미안』에서 싱클레어가 말한다.

> "게으르고, 생각하기 싫어하고, 스스로 판단하지 못하는 사람은 그냥 복종해버려. 그편이 쉬우니까."

순간순간 가장 쉬운 길을 택하면 장기적으로 그 길은 지옥으로 향하는 길이 된다. 진리 수호가 어려운 이유가 있다. 사람들은 진지하고, 거칠게 싸우고 싶어 하지 않는다. 그래서 진리는 자주 무너진다. 예수님께서 "좁은 길로 가라!"고 말씀하신 이유다. 들 입(入)이라는 글자 모양을 보라. '들어가다'라는 뜻은 점점 좁아지는 길로 들어가는 것이다. 진리는 다수결로 결정되는 것이 아니다. 온 세상 사람들이 인정한다고 해서 진리가 되는 것도 아니다. 진리는 이 세상에 한 사람만이 인정한다고 해서 비진리가 되는 것이 아니다. 진리는 그 자체로 진리일 뿐이다. 진정 나 자신으로 살고 싶으면 나의 머리로 생각하고, 나 자신이 선택하여 판단하고, 책임지며 살 줄 알아야 한다.

# 학문(學問),
# 인생의 3가지 질문

———— ◆◆◆ ————

학(學)은 문(問) 하는 것이다. 공자께서 말씀하셨다.

"물으면 한순간 바보가 될 수 있으나, 묻지 않으면 영원히 바보가 된
다."

'나는 누구인가? 어디에서 와서 어디로 가는가?', '시간은 무엇인가?',
'물질은 무엇인가?' 종교적 질문처럼 들리지만, 철학의 3대 질문이자 동
시에 과학의 3대 질문이다. 이처럼 종교, 철학, 과학 3대 질문 내용은
동일하다. 재미있는 현상이다. 과학과 종교는 다른 질문을 할 것 같은
데, 신학과 철학은 다른 질문을 할 것 같은데 같은 질문을 하고 있다. 아
인슈타인이 물리학에서 늘 답을 찾고자 질문한 것이 '시간이란 무엇인
가?', '물질이란 무엇인가?'이었다. 천재 과학자들은 고전의 대가였다.
아인슈타인은 동서양 고전에 밝았다. 또, 노벨상을 수상한 많은 과학자
가 동서양 고전에 능했다. 노벨상을 수상한 한 일본 과학자는 천체물리
학이 전공인데 이 사람은 자기 연구의 아이디어와 결과치 추정을 노자
(老子)의 허(虛) 개념을 깊이 생각하는 중에 얻었다고 했다. 천체물리학
은 노자와 통하는 것이다.

존재(存在)라는 말은 시간과 공간이란 뜻이다. 存은 시간 속에 있는 것이고, 在는 공간 속에 있는 것이다. 문자 공부를 하다 보면 인간 사유의 발달을 보게 된다. 인간이 생명을 가지고 살아오는 긴 역사 속에서 생각이 정리되고 발전해온 과정을 문자 안에서 엿볼 수 있어서 그 공부가 재미있는 것이다. 특히 한자는 다른 어떤 문자보다 흥미로운 영역이다.

신학, 철학, 과학은 다른 영역이라 질문 내용도 다를 것처럼 생각하지만 그렇지 않다. 질문의 출발은 이것이다. 내가 가려고 하는 곳이 아니라 "지금 내가 있는 곳은 어디냐?", 가고자 하는 목적지나 목표가 아니라 "지금 내가 있는 현 위치가 어디냐?"에서부터 시작하는 것이다. '어디로 가야 할지'보다는 '지금 어디 있는지'가 먼저다. 내가 어디쯤 있는지 현실 인식이 먼저다. 현실 인식이 없는 모든 생각은 망상에 불과하다. 좋게 말해서 이상이라고 하지만 실제로는 망상이다.

우리는 왜 실패한 이데올로기를 버리지 못하고, 시급한 사회 문제들의 진짜 해법을 보지 못하는가? 오늘 우리 사회에 탐욕이 기승을 부리고, 이기주의가 공동체 삶을 갉아먹고, 분열이 심화되고, 무기력이 확산되고, 갈등의 골이 깊어지는가? 국가는 무엇을 위해 존재하는가? 정부를 위해서? 공무원들을 위해서? 국민을 위해서? 정치는 무엇을 위해 존재하는가? 정치인 자신들의 이익을 위해서? 국민의 이익을 위해서? 우리는 어디로 가길 원하는가? 그 이유는 무엇인가? 어떤 길로 갈 것이며, 길은 있는가?

스스로 배우려 하는 자는 질문한다. 질문은 배우려는 열망이다. 스승은 스스로 배우려 하지 않으면 가르칠 수 없다. 배우려는 자는 배우려고 해야만 배울 수 있다. 억지로 가르치려고 하면 스승을 미워하게 될 것이다. 스승은 그것을 안다. 가르칠 것을 가르치지도 못하고 자신만 미움의 대상이 되는데 억지로 가르칠 필요가 없는 것이다.

몰라서 묻는 것이 부끄러운 것이 아니라, 모르면서 아는 척하는 것이 부끄러운 것이다. 그래서 배움은 누구에게서도 얻을 수 있다. 질문도 그 대상을 가리지 않고 아는 자에게 묻는 것이다. 비록 아랫사람이라 할지라도 모르면 물어야 한다. 공자께서 말씀하셨다.

不恥下問(불치하문)
아랫사람에게 묻는 것을 부끄러워하지 않는다.

물으면 한순간 바보가 될 수 있으나, 묻지 않으면 영원히 바보가 된다.

# 자포자기(自暴自棄)

———— ◆◆◆ ————

　좀 더 깊은 뜻이 숨어있는데 자포자기를 단순히 포기, give up으로 알고 있다. 자포(自暴)는 자폭 즉 자기 폭파이고, 자기(自棄)는 자기 자신을 버리는 것이다. 간단히 단념하거나 마음을 바꾸는 것이 아니라 자기 자신을 폭파하고 자기 자신을 버리는 것이다.

　맹자는 이런 자와 함께 말할 수 없고 더불어 일할 수 없다고 하였다. 알지 못하니 더불어 말할 수 없고, 알면서 행하지 않으니 함께 일할 수 없다는 것이다.

　제국이나 국가가 외부 적의 침입과 공격으로 망하는 것이 아니라 내부 분열과 혼란으로 망하듯이 한 개인도 외부적인 요인에 의해 망하는 것이 아니라 자기 자신 안에서 망해가는 것이다. 자기 자신을 본인이 돌보지 않으면 누가 돌본단 말인가? 적어도 자기 인생에 대해서 주체적인 책임 의식을 가져야 한다. 보통 자신이 가지고 싶은 것만 생각하지만, 먼저 그것을 가져도 되는 사람이 되어야 한다. 그것이 순서고 순리다. 자신의 부족한 면이나 잘못된 점을 개선하지 않는 것이 자신을 버리는 것이다. 부족하고 잘못된 기계도 낮게 평가되고 천시받을 수 있는데 하물며 사람이랴! 자신의 부족한 면을 자기보다 더 나은 능력 소유자를 비난하고 공격함으로써 채우려 든다면 이 또한 자신을 폭파하는 것이다.

평등을 마치 균등한 평균이라고 생각하는 대중은 어느 시대나 민주주의의 한계를 드러낸다. 그리스 아테네 시절부터 오늘에 이르기까지 어리석은 대중은 통치할 자격이 없는 사람들을 통치자 자리에 밀어 올리고 그들의 어리석은 폭압에 스스로 고통받는다. 자신들의 행복 문을 열어줄 것이라고 기대했지만 그 기대는 언제나 무너졌다. 이런 일을 반복하고 있는 것이 대중의 천민 민주주의다. 무엇이 문제인가? 투표할 자격이 없는 자들이 투표하는 것이 그 문제이다. 고통의 절정에서 혁명을 통해 지배자를 교체해봤자 동일 과정의 반복일 뿐이다. 만년의 역사를 보든지 30년 역사를 살펴보든지 패턴은 똑같다. 해결 방법은 있는가? 시스템을 갖추면 해결이 될까? 시스템을 운영하는 것도 결국 사람이다. 사람이 시스템을 바꾸면 또 끝장이다. 결국 사람이다. 사람이 자기를 폭파(自暴)하고 자기를 버리면(自棄) 세상은 무너진다. 자신이 살아갈 세상을 스스로 부수는 격이다. 대중 스스로 배우고, 깨닫고, 행동하고 올바른 분별력과 이성적 판단을 내려야만 바뀌는 세상이다. 스스로 깨치는 수밖에 없다.

"대중은 어리석다. 그래서 늘 이용당한다."

듣는 대중이 기분 나빠서 그렇지, 사실이다. 세상이 아무리 민주화되고 평등하게 되었어도 여전히 차이는 존재한다. 권력으로, 경제적 능력으로, 지적 능력으로 지배층, 피지배층까지는 아니더라도 우열은 분명히 있다. 아무리 듣기 좋은 용어를 사용해도 우위를 점하고 있는 층위가 있고 하위 층위가 있기 마련이다. 한 집안에서도 차이가 있는데 사회와 국가 차원으로 확대한다고 차이가 없어지겠는가? 이것을 두고 차별이라고들 하지만 그냥 '차이'다. 삶의 모양이 다르듯이 차이가 존재하는 것을 인정하고 시작하는 것이 옳기도 하고 편하다.

세상이 마음에 들지 않는다고 세상을 바꾸려고 들지 마라. 세상의 가장 작은 단위인 나 자신을 바꾸면 된다. 나 자신이 바뀌면 세상은 따라서 바뀐다. 책임 있는 시민과 국민으로 살아야지 노예로 살지는 마라. 시민은 시민 의식이 있어야 하고, 국민은 국민 의식이 있어야 한다. 시민과 국민이 노예 의식을 가지고 산다면 이미 자격상실이다. 노예란 다른 누군가가 자신을 구해주러 올 것이라고 믿으며 자신을 위해서 아무것도 하지 않는 사람이다. 자기 자신을 당당한 시민으로, 국민으로 살게 하는 것은 자기 책임이다. 자기 자신을 폭파하고 버리는 것은 노예들에게 맞는 삶의 방식이다.

재미로 덧붙이면, 원래 많은 사람, 무리를 뜻하는 대중의 '중(衆)'은 '하늘을 향해 공손히 머리 숙인 세 사람'이라는 뜻이다. 상부의 '血' 모양 글자는 갑골문에는 커다란 눈, 즉 신의 눈이다. 하부의 글자는 공손히 머리 숙이고 가지런히 손 모은 사람 인(亻) 세 개가 있다. 글자를 만들 때 원뜻은 참으로 좋은 의미였다. 시간이 흐르며 '어리석음'이 많이 내포된 대중, 군중에 사용되고 있는 것이 슬프기도 하고 재미있기도 하다.

# 인간관, 가치관, 세계관

———— ◆◈◆ ————

　인간관, 가치관, 세계관이 왜 중요하냐? 이 세 가지 관점으로 자기 인생을 살게 되기 때문이다. 잘못된 가치관과 세계관으로 살면 인생을 허비하게 된다. 인생은 결국 시간인데 그 시간을 쓰레기로 채우게 된다.

　인간관이란 인간 본성에 대한 관점이다. 우리 인간은 죄인인가, 의인인가? 맹자의 성선설이 맞는가, 순자의 성악설이 맞는가? 이런 인간관에 의해 가치관이 달라지고 정치 이념이 달라지고 세계를 보는 관점이 달라진다. 가치관이란 그래서 어떤 '나'로서 살아갈 것인가에 대한 대답이다.

　기독교, 자본주의, 보수주의 인간관은 죄인이다. 인간 본성은 죄성을 가지고 있기 때문에 이 세상 사는 동안 이상적인 사회를 향해 나갈 수는 있지만 언제나 결함이 생길 수 있다. 따라서 발견되는 새로운 결함은 늘 개선해야 하는 여지를 남겨둔다. 사회주의, 공산주의, 소위 진보주의 인간관은 의인이다. 인간은 신뢰할 수 있는 본성을 가졌기 때문에 이상사회를 만들 수 있다고 믿는다. 하지만 인간이 완전하다는 그 생각, 완전할 수 있다는 그 생각이 자신을 죽게 만든다. 사람은 죄를 지어서 죄인이 되는 것이 아니라 죄인이기에 죄를 짓는 것이다. 인간은 죄인인지라 완벽한 세상을 만들 수 없다. 그 이상에 우리는 늘 속는다. 우리는 다소 결함이 있지만 그래도 괜찮은 견딜 만한 체제를 만드는 것이 최선이다.

혁명은 자유, 평등, 번영으로 가는 데 필요한 단계라고 여겼으나 역사는 그것이 아니었음을 증명한다. 소련, 중공, 쿠바, 베네수엘라, 북한 등…. 혁명시대에는 인민의 도살이 일어났다. 자기 나라 인민을 수천만 명 도살한 스탈린과 마오쩌둥. 더 이상 무슨 말이 필요한가? 악을 행하면서 그것이 선이라고 믿는 정신병이다. 의인과 죄인을 정의하면, 자기 스스로 죄인이라고 여기는 사람이 의인이고, 자기 스스로 의인이라고 여기는 사람은 죄인이다. 인간관이 의인이라면, 선한 의도로 악행을 저지르고, 천국을 약속하며 지옥을 만든다. 세상은 공정하지도, 평등하지도, 정의롭지도 않다. 왜냐하면 죄성을 가진 죄인들이 만들어가기 때문이다. 세상을 천국으로 만들려고 하지 말고 인류와 세상을 천국으로 보지도 마라. 우리는 그저 죄인에 불과하기에 죄의 결과물들이 세상에 나오기 마련이다. 완벽한 이상향, 유토피아는 불가능하다. 역사적으로 늘 폭군은 유토피아를 약속하면서 현실을 지옥으로 만들었다.

선전과 선동은 가난하고 무지한 자들에게 효과가 있다. 그래서 전체주의, 공산주의, 국가 사회주의는 언제나 인민을 잘살게 해주겠다고, 공평한 세상을 살게 해주겠다고 약속하지만 실제로는 인민을 가난하고 무지하게 우민화시킨다. 대중은 시야가 좁고 장기적인 안목이 없다. 그래서 당장 눈앞의 이익에 눈이 멀기 쉽다. 그것을 이용하는 것이 선전 선동술이다.

인류는 지금까지 삶의 방식을 선택하고 실제로 그 제도와 정치경제 형태 아래에서 살아보았고 계속 평가, 보강하면서 개선해왔다. 그 결과 현재 자본주의, 사회주의, 공산주의 국가 체제를 가지고 있다. 오래전 왕정, 귀족정, 봉건, 전제군주제, 민주정 등 여러 체제를 시험해본 결과가 현재이다. 흥망을 거듭하면서 내린 결론이 현재 체제다. 무엇이든 한계에 도달하면 무너진다. 아무리 위대한 사상이라고 해도 현실에 적용되지 못하면 그 사상은 위대하지 않은 것이다. 완벽한 인간, 완벽한 사회와 국가가 가능하다며 그것을 실현하고자 했던 사회주의, 공산주의는 현실에서 이루어지지 않았다. 그들이 외쳤던 자유는 본인들만 자유롭고 타인은 부자유한 것이었다.

정치적 문제는 궁극에 이르면 종교적이고 도덕적인 문제가 된다. 정치가 궁극에 이르면 이데올로기가 종교처럼 작동하고 믿음의 대상이 되고 절대화된다. 마치 신을 믿고 따르는 것처럼 이데올로기를 믿고 따른다. 정치의 종교화다. 정치가 종교화되면 갈등이 격화되고 최종적으로 종교현상이 나타난다. 광신도, 맹신자들이 등장한다.

최근에 중공은 공자 대신 순자를 선택했다. 유교적인 통치 이념으로 공산주의 이념을 실현할 수 없다는 한계를 본 것이다. 그렇다면 순자 사상으로는 가능한가? 그것은 더 불가능한데도 잠시 겉모양을 바꾸려고 하는 헛된 시도이다. 공산주의 사상은 독립적으로 존재할 수도 없고, 다른 사상을 차용해도 입증되거나 실현할 수 없는 사상이다.

가치관이란 내가 옳다고 믿는 관점이나 기준이다. 어떤 가치관을 가지고 살 것인가, 라는 질문은 곧 어떤 사람으로, 무엇을 옳다고 믿으며 살 것인가, 라는 질문과 같다. 오늘날 우리는 절대적인 것 대신에 상대적인 것, 통일성 대신에 다양성, 보편적인 진리 대신에 개인적인 종교체험을 선호하고 있다. 오늘날 우리는 진리를 잃어버렸다. 진리를 잃어버리자 우리 영혼이 붕괴되었다. 어른도 아이들도 모두 인생의 바다 위를 표류하는 시대가 되었다. 표류. 방향도 없고, 목적지도 없고, 동력도 없이 그냥 둥둥 떠 있는 것이다. 가치 중립이라는 것은 그런 것이다. 가치 중립은 정의(正義)를 정의(定義)하지 않는다. 절대적 진리를 부정하고 상대주의가 진리의 자리를 차지하자, 진리는 80억 명의 80억 개의 진리가 되었다. 하나의 기준이어야 할 진리가 그 단일성을 잃었다. 행동 원칙이 없어지자 탈법과 비윤리, 부도덕한 짓을 저지르고도 부끄러워하지 않는 인간이 만들어지고 있다. 오히려 염치없이 적반하장 논리로 궤변을 늘어놓으며 자신이 옳다고 주장한다. 절대 진리인 하나님을 제거한 곳에는 무엇이든 다 믿는 기이한 현상이 일어났다. 하나님을 제거하고 나니 점성술과 컬트가 유행하리라고 누가 상상이나 했겠는가? 아무것도 믿지 않게 되자 무엇이든 다 믿게 되는 이상한 일이 일어난 것이다. 신(神)으로부터 인간을 해방시킨다고 온갖 시도를 했는데, 결과는 환상을 현실로 인지하도록 만들었다. 그리고 눈앞의 현실을 부정하는 인지 부조화 인간을 만들어냈다. 절대 진리 하나님을 부정하고 절대성을 파괴하자 상대주의가 생겨났다. 의견 차이를 상대적 진리라고 여기게 되었다. 신으로부터 자유로운, 이상적인 세계를 구현할 수 있을 것이라 믿었지만, 현실은 파괴만 남았고 그 파괴 위에 또 다른 파괴만 더해지고 있다. 과학기술이 발달하고 생활 수준이 향상되면 인간의 본성도 향상되어 더 도덕적이고 덜 부패한 인간사회가 탄생할 것이라고 믿었지만 우리의 도덕성은 여전히 '죄인'에 불과하고 더 부패한 인간 본성만 발현된 세상을 마주 보게 되었다.

　상대적으로 진리가 여러 개라는 것은 이미 진리가 아니다. '너의 진리'와 '나의 진리'가 있는 것이 아니라 그것은 '너의 의견'이고 '나의 의견'일 뿐이다. 상대적 진리라는 것은 의견 차이일 뿐이다. 진리를 상실한 영혼은 우울증과 신경쇠약을 겪는다. 당연한 수순이다. 영화, TV, 판타지로 도피하면서 마약, 섹스, 도박과 같은 중독을 겪게 된다. 마약, 섹스, 도박은 현실 도피증상이다. 의미를 상실하고 정신이 무너진 시대는 삶이 공허해지는 것이다. 삶이 와해되는 두려움과 미쳐 돌아가는 세상에 살고 있다는 불안에 피난처를 찾아야 하는데 진정한 피난처인 하나님을 상실했으니 마약과 섹스 그리고 도박이라는 거짓 피난처를 찾는 것이다. 하나님을 제거하고 나면 남는 것은 광기와 두려움 그리고 불안 뿐이다. 진리라는 기준이 무너지고 나면 무질서와 혼란은 정해진 다음 순서다. 상대주의 세상, 공산 사회주의 세상, 이상적인 세상은 '바보들의 낙원'이다. 그런 낙원은 없다. 이루어질 수 없는 것이다. 그래서 그런 세상은 '바보들의 낙원'이다.

　가치관은 어떻게 살 것인가에 대한 대답이다. 어떻게 먹고살 것인가, 라고 묻는다면 먹고살기 위해서 거짓말도 하고 사기도 치게 된다. 남의 촛불을 태워 내 앞길 밝히려고 하게 된다. 자기 촛불로 자기 길을 밝혀야 한다. 특별히 젊은 날 머릿속에 받아들이면 안 되는 단어는 '복지'다.

듣기에도 좋고 뜻도 좋지만, 복지라는 것은 스스로 걷기를 포기하고 들 것에 실려서 움직이기를 바라는 것과 같다. 내 발로 걸어가는 것이 아니라 다른 사람이 들어주는 수고에 기대어 살겠다는 뜻이다. 복지라는 것에 은근슬쩍 기대기 시작하면 자신의 두 다리로 일어서지 못한다. 당연히 받을 수 있는 도움도 거절해야 자기 발로 일어설 수 있다. 한 번 쉬운 길로 들어선 발은 결코 돌이키지 못한다. 빌어먹는 재미를 맛본 것이다. 복지라는 것은 내 몸과 정신이 더 이상 나를 지탱하지 못할 때 최후에 기댈 수는 있어도 그전에는 머릿속에 떠올리지도 마라.

품위 있고, 근면하며, 자립적이고, 정신적 존재인 개인을 의존적 동물로 만들어버리는 것이 공짜 복지다. 안전이라는 이름으로 나의 운명을 정부에 맡겨버리는 바보 행렬이 점점 길어지면 망조가 든 것이다.


어떤 세계관을 가지고 살 것인가? 세상 바라보는 눈, 관점이 세계관이다. 이 세상을 '나' 중심으로 돌려야 하는 것으로 본다면 아직 유아 단계를 벗어나지 못한 관점이다. 이 세계는 내가 살아가는 토대이고, 내가 살아갈 인생의 땅이다. 추하고 더러운 면도 있지만 여전히 아름다운 세상이다. 내가 처한 상황이 어려워지면 더 추하게 보일 뿐이지 세상 자체가 원래 더럽고 추한 것이 아니다.

자유민주 체제 국가를 합법적인 정치를 통하여 파괴하고 공산주의 사회를 만들고 나면 그 체제하에서 종교는 존속할 수 없다. 이슬람 체제 사회가 되면? 동성애자들은 사형이다. 자신이 파괴한 그 사회체제가 자신의 보루였음에도 불구하고 이념적 환상에 의해 죽음의 길을 만들고 있는 것이 오늘의 현실이다.

# 병법서

$$\diamond\diamond\diamond$$

전쟁을 시작했는데, 시작하고 보니 그동안 나 자신이 내가 알고 있던 '나'가 아니라면? 이보다 더 큰 낭패는 없을 것이다. 전쟁을 할 수 있는 사람이 아니었는데 죽고 사는 전쟁을 시작했으니 이제 어떻게 할 것인가? 적의 강약보다 나의 강약을 몰랐던 것이 더 문제다. 상대에게 집중하다가 나를 몰랐던 것이다. 상대와 나의 체급이 달라. 큰일 난 거다. 나를 모르면 막연한 자신감, 근거 없는 자신감에 나 자신이 속기 쉽다. 결국 근거 없는 그 자신감이 자신을 파괴한다.

전쟁 같은 이 세상에서 나의 모습은 '연약한 몸과 상처받기 쉬운 마음을 가진 존재'에 불과하다. 전쟁 같은 인생을 마주하기에는 너무 약하다. 막연하게 성공을 바라지만 성공과는 거리가 멀다. 언젠가부터 징징거리고 남 탓하고 있는 자신을 발견하기 쉽다. 성공이란 돈을 많이 벌었다는 것이 아니라 내가 책임져야 할 사람들이 많아졌다는 것이다. 준비되지 않은 자가 성공하면 다른 사람도, 자기 자신도 상하게 만든다. 성공을 바라거든 성공을 준비해야 한다. 성공을 해도 되도록. 성공하면 안 될 사람들이 성공의 자리에 있기 때문에 사람 여럿 죽이는 것이다. 평범한 사람이 비범한 역할을 맡는 것은 비극의 시작이다. 병법서를 통하여 사람과 인생을 배우라. 특별히 경제는 전쟁과 같이 움직인다. 전쟁을 연구하면 경제의 흐름이 보인다. 레이 달리오가 역사와 전쟁을 연구하는 이유가 있다.

유가(儒家) 중심으로 동양사상이 발전하다 보니 병가(兵家)는 합당한 대접을 못 받았다. 관념적인 문(文) 중심의 시대에 무(武)는 괄시를 받았지만 실제로 문(文)의 세상을 가능하게 만드는 것은 무(武)다. 국방이 무너진 나라가 존속되는 법은 없다. 나라, 가족, 경제, 사랑, 꿈, 행복, 일상생활이 가능하려면 국방이 있어야만 한다. 국방은 인간생존의 제1순위다. 고대시대나 오늘날이나 전쟁에서 패한 민족이 그들이 원하는 나라에서 사는 경우는 없다. 그들이 원하지 않는 세상에 살아갈 뿐이다. 전쟁에서 패하는 순간 그들이 꿈꾸던 세상은 사라진다. 자신이 알고 있던 세상이 아니라 다른 세상이 되어버린다.

병법은 현실이다. 인간사에 전쟁만큼 더 현실적인 현실은 없다. 살과 피가 튀는 현장이고, 죽고 사는 것이 순간으로 결정되며, 인간이 가진 총력을 쏟아붓는 순간이기 때문이다. 군사학이라고 말해도 좋고, 전략과 전술이라고 해도 좋다. 역사를 조금씩 알아가다 보면 '역사는 전쟁의 역사'다. 그래서 병법, 전략과 전술, 전쟁사가 중요하다.

손무와 100년 뒤 인물 손빈의 합작품으로 보이는 『손자병법』은 동양의 병법서 중 최고다. 유명한 다른 병법서도 많다. 무경7서(武經7書)라고들 한다. 병법서는 분량이 적다. 간단한 것은 원전으로 인쇄하면 몇 페이지 되지 않는다. 대부분이 그렇다. 병법서는 하나도 빠트리지 말고 모두 보도록 해라. 이유가 있다. 사는 게 전쟁이기 때문이다. 사랑도 전쟁과 같고, 사업도 전쟁을 치르는 것과 같다. 또, 국가 경영이야말로 전쟁이다. 세상에 전쟁이 아닌 것이 없다. 그래서 전략과 전술에 능해야 한다. 어느 때가 되면 지도자의 자리에 서 있을 것이다. 가정에서는 배우자와 자녀가 생길 것이고, 회사라면 책임질 부하 직원들이 생길 것이며, 만약 국가기관에서 일한다면 그에 따른 더 많은 책임이 따를 것이다. 그때 드러나는 능력 여하에 따라 따르는 사람들의 행복과 불행이 정해질 것이다. 병법과 관련하여 만고 진리의 소리가 있다.

　　"무능한 지휘관은 적(敵)보다 무섭다."

　무능한 지휘관을 만난 병사들을 기다리는 것은 죽음이다. 그래서 로마시대에는 군단장 장군을 선택할 수 있는 선택권을 병사들에게 주기도 했다. 모든 병사가 카이사르 직속군단에 들어가는 것을 원했다. 이유는 간단하다. 카이사르가 지휘하는 군단은 언제나 승리하니까. 다른 말로 하면 전투에서 죽지 않고 살 확률이 높았으니까.

　사랑이든 일이든 사명이든 따르는 자들을 살리는 지도자가 되길 바란다. 병법서 연구를 많이 해야 한다. 전략과 전술을 능수능란하게 지휘할 수 있기를! 그냥 구닥다리 옛날이야기가 아니다. 스텔스 비행기가 날아다니고 미사일이 날아다니는 시대에 무슨 뒤떨어진 보병과 기병 이야기냐고 하지 마라. 무기체계가 신식이라고 전략과 전술이 달라지는 것은 아니다. 병법서를 읽다 보면 사업도, 공부도, 연애도, 자녀교육도, 장래계획도 모두 도움이 될 것이다. 잔머리 기술이 느는 것이 아니라 큰 그림 전략과 세부 계획 전술이 발달할 거다. skill(기술)이 아니라 strategy(전략)와 tactics(전술)이다.

### 추천하는 병법서 - 무경7서

- 『손자병법(孫子兵法)』
- 『오자병법(吳子兵法)- 吳起』
- 『울료자(尉繚子)』
- 『육도(六韜)』

- 『삼략(三略)』
- 『사마법(司馬法)』
- 『이위공문대(李衛公問對)』

여기까지가 무경7서(武經7書)이고, 36계(36計) 하나를 더 보탠다.

병법서는 목차만 봐도 단순히 잘 싸우는 기술이나 무조건 이기는 기술을 말하고 있는 것이 아니라는 것을 알 수 있다. 실제 내용을 읽다 보면 거대한 전장 한복판에서 장수라면 평소에 얼마나 많은 것을 갖추고 있어야 하는지를 금방 깨달을 수 있다. 『손자병법』을 열면 첫 문장은 이렇게 시작한다.

孫子曰: 兵者, 國之大事, 死生之地, 存亡之道, 不可不察也
전쟁은 나라의 중대사이다. 백성의 삶과 죽음을 판가름하는 마당이며, 나라의 보존과 멸망을 결정짓는 일이다. 깊이 생각하지 않으면 안 된다.

『손자병법』의 목차를 한번 보자.

1. 계(計, 始計)- 전쟁개시 준비, 계획

2. 전(戰, 作戰)- 작전

3. 공(攻, 謨攻)- 공격계책, 전략

4. 형(形, 軍形)- 배치

5. 세(勢, 兵勢)- 전술

6. 허실(虛實)- 기만작전

7. 군쟁(軍爭)- 승리 조건 선점

8. 구변(九變)- 임기응변(臨機應變)

9. 행군(行軍)- 이동과 정찰

10. 지형(地形)- 지리파악

11. 구지(九地)- 지형파악과 이용

12. 화공(火攻)- 전쟁목적 확인

13. 용간(用間)- 첩보, 정보전

목차만 읽어도 간단하지 않다. 내용을 읽어보면 아! 이런 준비를 해야 하고, 실제 전투에서는 전투 진행 상황을 보면서 올바른 판단을 순간적으로 내려야 하고, 이기고 있을 때는 전쟁 후를 생각할 줄 알아야 하며, 지고 있을 때는 돌파해야 하는지 후퇴해야 하는지 결정해야 하고… 정말 질릴 정도로 끝도 없는 고려사항들이 있다는 걸 알게 된다. 단순히 화난다고, 공격 앞으로 돌진을 외친다고 전쟁이 되는 것은 아니다. 인생이 그렇고, 사업이 그렇고, 사랑이 그렇고, 사회생활이 그렇다.

병법서를 읽고 6.25 전쟁사를 다시 읽으면 하나님의 도우심과 기적이라는 단어가 떠오를 것이다. 나라를 지키려고 어린 중학생들조차 전선으로 나갔던 나라가 대한민국이다. 그런 나라에서 오늘을 살고 있는 우리는 어떤 삶의 방식을 선택해야 하는지 한번 생각해보길 바란다. 나라가 너에게 무엇인지? 너는 나라에 무엇인지?

6.25 전쟁과 관련하여 라인 3개를 떠올리면 지금도 많은 생각을 하게

만든다. 애치슨 라인, 낙동강 라인, 데이비슨 라인. 미 국무부 장관이었던 애치슨이 일본을 최종방어선으로 잡으면서 한국은 방어선 안에 포함되지 않았다. 실제 지도에서 애치슨 라인을 보다 보면 오늘 내가 무엇을 해야 하는지 알 수 있다. 워커 장군이 그었다고 해서 워커 라인이라고 하는 낙동강 라인은 포항, 영천, 대구, 마산을 잇는 동서 80km, 남북 160km 라인이다. 전쟁 발발 후 금세 이 정도 땅밖에 남지 않았었다. 지도를 보고 있노라면 얼마나 우리가 무력했었는지 알 수 있다. 데이비슨 라인은 비밀이었지만 예비 2차 방어선, 즉 최종방어선이었다. 울산 서동리, 경남북 경계선, 밀양, 마산 90km. 지도를 보고 있으면 얼마나 절박한 심정이었는지 느껴진다. 이것이 무너지면 대한민국 주요 인사 10만 명만 데리고 괌으로 가서 망명정부를 세우라고 미국이 조언했던 라인들이다.

『손자병법』의 손무가 공자와 동시대 사람인 것은 재미있는 사실이다. 오나라의 오자서가 손무를 책사로 발굴해서 오나라로 모셔온다. 그래서 손무는 오나라의 군사(軍師, 군사작전사령관)였다. 오나라와 월나라가 어디 있었느냐 하면, 지금 상해 위쪽에 오나라, 아래쪽에 월나라가 있었다. 오나라의 왕 합려, 그 아들 부차, 오자서, 손무가 그 당시 인물이고, 월나라에는 왕인 구천, 그의 책사인 범려와 문종, 미인 서시가 그 당시 등장인물이다. 그때의 역사적인 사건들은 참으로 재미있다. 『논어』에는 잠시 언급되어서 그 상황을 어림잡기 힘들지만 공자 관련 자료들을 취합해보면 오나라와 월나라가 한창 전쟁을 치를 때 갑자기 대국인 제나라가 공자의 고국 노나라를 침략해온다는 소식을 듣는다. 그때 공자는 제자 자공을 외교사절로 보내 치열한 외교전을 통해 주변 국가들(오, 월, 초나라)의 이해관계를 이용해 전쟁을 막는다.

오월동주(吳越同舟), 와신상담(臥薪嘗膽) 같은 고사성어도 이때 생긴 고사성어다. 오나라와 월나라가 얼마나 원수처럼 오래도록 싸웠는지 오나라와 월나라는 한배를 타지 않는다는 뜻이다. 거의 60년 동안 전쟁을 했으니 그럴 만도 하다. 또 그 반대로 얼마나 처지가 급했으면 오나라와 월나라가 한배를 다 탔으려나, 라는 뜻이 되기도 하고. 와신상담 고사도 재미있지만 구천이 전쟁에서 패배한 후에 포로로 잡혀가서 지낸 이야기는 깊이 생각해볼 가치가 있다. 그런 치욕을 당하고도 결국 살아남아 원수를 갚고 나라를 회복하는 과정을 읽다 보면 책임 있는 남자의 일생이라는 것이 어떤 것인지 통찰도 준다.

오기라는 인물은 아주 특이한 인물이다. 위에서 언급했던 책들에는 오기라는 인물 이야기가 많이 전해오는데, 현대인들이 보기에 극단적인 이야기가 많다. 제나라가 쳐들어와 전쟁이 났는데 하필이면 오기의 아내가 제나라 출신이라 간첩은 아닌지 오해를 받으니까 자기 아내에게 사정을 이야기하고 자기 아내 목을 쳐버리면서 오해를 불식시키는 일이나, 일반 병졸의 종기를 입으로 빨아내 살려주는 일, 세월이 지나 우연히 그 아들의 종기도 빨아주자, 그 병사 어머니가 슬피 울면서 했던 말들… 이 모두가 오기라는 인물을 설명하고 있다. 그 인물 됨에 대해서 많이 알고 있으면 오기 병법을 읽을 때 이해가 더 깊어질 것이다. 보통은 장군과 정치가, 사상가들이 명확하게 다른 계급으로 분리되어있던 시대에 오기는 그 3가지 자질을 다 갖춘 명장이었다. 실전에 참여한

장군이었고, 정치에 능했으며, 학문적인 탁월함도 갖춘 사람이었다. 그래서 오기 병법은 찬찬히 살펴볼 필요가 있다. 내용이 너무 적어서 아쉽지만. 병법서를 읽다 보면 서로 반대되는 상충 내용이 많다는 것을 느낄 것이다. 주어진 환경, 정황이 다르기 때문이니 모순이라고 쉽게 단정 짓지 마라.

병법에 통달하고 실전에 들어가면, 그때부터는 임기응변(臨機應變)이다. 병법의 꽃이다. 임기응변이라는 것을 그때그때 임시변통이라거나 땜빵으로 대충 위기를 모면하는 것이라고 이해하면 그것보다 더 큰 오해가 없다. 임기응변은 병법에 통달한 자, 전략과 전술에 능한 자만이 발휘할 수 있는 능력이다. 전투가 시작되면 상황은 끊임없이 변하므로 현장에 맞는 임기응변 능력이 요구된다. 전투가 시작되기 전에 세운 계획에 얽매이면 안 된다. 임기응변은 카이사르가 최고다. 『갈리아 전쟁기』를 읽다 보면 카이사르는 전쟁의 신이다. 개전하기 전에 계획했던 전략과 전술에는 언제나 A, B, C 안이 있었고, 전투 중에 전선이 무너질 가능성에 대한 대비책까지 있었다. 그 모든 대비책을 다 쓰고 나면 임기응변, 정말 멋있는 남자다. 인류 역사상 가장 멋있는 남자. 카이사르는 알면 알수록 멋진 남자다.

에드워드 기번의 『로마제국 쇠망사』 같은 정사도 있지만, 오히려 다음과 같은 책들이 더 인간적인 설명이지 싶다. 작가의 상상력이 가미되어 더 흥미롭고. 작가가 고증도 열심히 해서 역사적인 가치가 전혀 없는 것도 아니다.

## 카이사르(시저)에 대한 좋은 자료

- Suetonius, 『LIVES OF THE TWELVES CAESARS』
- 콜린 매컬로, 『로마의 일인자』
- 시오노 나나미, 『로마인 이야기』
- 카이사르, 『갈리아 전쟁기』
- 카이사르, 『내전기』

카이사르 본인이 쓴 『갈리아 전쟁기』 같은 경우 평이하고 지루하게 느낄 수 있지만, 전쟁에 임하는 카이사르의 내면과 전략과 전술 그리고 그의 탁월함을 이해하는 데 이보다 더 좋은 자료는 없다. 라틴어로 읽을 수 있으면 좋을 테니, 지금이라도 늦었다 생각 말고 라틴어 공부도 해보길 권한다.

병법의 마지막은 36계 중 36계 주위상계(走爲上計)이다. 화를 피하려면 도주하는 것도 좋은 계책이다. 너무 강력한 적을 만났을 때, 적군이 너무 완벽하게 준비되어서 아군으로서는 어떤 전략과 전술을 세울 수 없는 지경에 이르렀을 때, 그나마 후퇴하면 전 병력 손실을 막을 수 있을 때는 다음 기회를 위해서 후퇴하는 것도 정상적인 계책 중 하나다. 그것도 하책이 아니라 상책이다. 개전하면서 임전무퇴(臨戰無退) 정신으로 무장하는 것과 상충하는 것처럼 보이지만, 장수는 나아갈 때와 물러날 때를 냉철하게 결정해야 한다. 장수로서 물러날 때는 물러설 줄 아는 것이 최고의 결단력이고 결정이다.

## 서양의 병법서

동양의 병법서는 기원전에 이미 정리되어 고전이 되어있었다. 『한비자』의 「오두」편에 "손자와 오기 병법을 집집마다 가지고 있었다"라고 하는 것을 보면. 이에 비해 서양에서는 15세기에 들어 마키아벨리가 정리를 시작했고, 클라우제비츠가 종합했다고 본다. 아무래도 나중에 쓰이다 보니 동양의 병법서보다 전술에 대한 설명이 자세하다. 당연히 분량도 늘어났고. 서양의 병법서는 동양 병법서에서 좀 더 설명이 있으면 좋았겠다, 하는 아쉬움을 해소시켜준다.

『전쟁의 기술』(로버트 그린)은 소(疏)에 해당된다. 이제 경을 읽도록 해라. 다음 2권 정도면 충분하지 않을까 싶다.

- 니콜로 마키아벨리, 『군주론/전술론』
- 카를 폰 클라우제비츠, 『전쟁론』

병법서를 읽다 보면 느끼는 것인데, 많은 분량이 지도자론, 리더십에 대한 내용이다. 처음에는 '병법과 크게 상관없는 분량이 왜 이리 많아?'라고 생각이 들다가 나중에는 이해가 된다. 승패를 결정짓는 중요 원인이 '장수의 자질'이라는 것을. 그래서 상당 부분 할애해서 장수의 자질(지도자론)에 대해 말하는 것이다.

『손자병법』에 나오는 글이다.

"장수란 정세를 손에 쥐는 지략, 상벌을 공정하게 시행하는 믿음, 부하를 아끼고 이끄는 어짊, 작전을 추진하는 결단력, 군기를 엄격하게 유지하는 위엄을 갖춘 자를 가리킨다."

"전쟁의 승리를 미리 아는 데는 5가지 요건이 있다. 첫째, 싸워야 할 때와 싸워서는 안 될 때를 분명하게 판단할 줄 아는 자는 승리한다. 둘째, 병력이 많은 경우와 적은 경우에 따라 적절하게 다른 방법으로 지휘할 줄 아는 자는 승리한다. 셋째, 장수와 병사 위아래의 의지가 하나 되어 단결하면 승리한다. 넷째, 언제나 모든 준비를 갖추어 놓고 적이 대비 없이 틈을 보이기를 기다릴 줄 아는 자는 승리한다. 다섯째, 장수가 유능하여 군주가 작전에 간섭하지 않으면 승리한다. 이상의 다섯 가지가 승리를 알 수 있는 요건이다."

"지혜로운 장수는 반드시 적과 아군의 이로운 조건과 해로운 조건을 함께 고찰한다. 불리한 상황에 빠졌을 때 유리한 조건이 무엇인가를 찾아내면 주어진 임무를 완수할 수 있다. 그리고 유리한 상황일수록 위험한 요소를 미리 살펴서 그에 대비하면 뜻밖의 재난을 미리 막을 수 있다. … 용병의 원칙은 적이 침입하지 않으리라는 예측을 믿을 것이 아니라, 아군이 충분한 대비책을 갖추고 적의 침입을 기다리는 것을 믿어야 한다. 또 적이 공격해 오지 않으리라는 예상을 믿을 것이 아니라, 아군이 적의 공격을 좌절시킬 만한 충분한 대비를 하는 것을 믿어야 한다."

*故將有五危: 必死, 可殺也; 必生, 可虜也; 忿速, 可侮也; 廉潔, 可辱*

也; 愛民, 可煩也, 凡此五者, 將之過也, 用兵之災也, 覆軍殺將, 必以
五危, 不可不察也.

장수의 자질에는 다음과 같은 5가지 약점이 있을 수 있다. 첫째, 장
수가 용맹이 지나쳐 죽기를 다해서 싸우기만 한다면, 죽음을 당할
수가 있다. 둘째, 반대로 장수가 죽음을 두려워하여 목숨만 지키려
고 한다면, 적에게 사로잡힐 수 있다. 셋째, 장수의 성격이 조급하고
화를 잘 내면 적의 도발을 참지 못하여 경거망동할 수가 있다. 넷째,
장수의 결벽증이 지나치고 명예욕이 강하면 적의 계략에 빠져 모욕
을 당할 수가 있다. 다섯째, 장수가 이해를 따지지 않고 부하를 지나
치게 아끼면 부하를 보호하려다가 번거로운 곤경에 빠질 수 있다.
이 다섯 가지라면 누구나 가질 수 있는 약점이면서 동시에 용병술에
있어서는 큰 재앙이다. 군대가 전멸당하고 장수가 죽음을 당하는 원
인이 모두 이 다섯 가지의 약점으로부터 일어나므로, 장수 된 자는
이를 경계하지 않으면 안 된다.


"용병술에 능한 자가 전군의 병력을 한 사람처럼 손을 잡고 마음대
로 지휘할 수 있는 것은 병사들 사이에 그렇게 하지 않으면 안 되도
록 만들었기 때문이다."


"장수는 군대를 통솔하면서 언제나 침착하고 냉철하며, 엄정하고
또 조리가 있어야 한다. … 장수가 병사들에게 일단 임무를 부여하
면 마치 높은 지붕에 올려놓고 사다리를 걷어버리듯, 그들이 오로지
그 임무를 완수할 수밖에 없도록 만들어야 한다."

人情之理 不可不察也.

인간 심성의 본질을 파악하는 일은 장수 된 자가 언제나 신중하게 살피지 않으면 안 된다.


그 예로 「행군(行軍)」편에 보면 이런 내용이 있다. 지휘관은 심리와 관찰의 대가여야 하는 좋은 사례다.


"적에게서 파견된 사신이 겸손한 말투로 의견을 제시하면서도 실제로는 전투태세를 강화하고 있다면, 이는 아군에 대하여 공격을 하려는 뜻이다. 사신이 강경한 말투로 주장을 전하면서 금방 공격할 태세를 보인다면, 이는 적이 철수 준비를 하고 있다는 뜻이다. … 적이 갑자기 강화를 요청하는 것은 그들이 다른 음모를 꾸미고 있다는 뜻이다."


이것은 지금도 협상을 할 때 유심히 봐야 할 부분이다. 협상의 법칙에 대해서는 다음 기회에 얘기하자.


"적의 병사들이 모여서 자꾸 수군거리며 불안해하는데 적장이 부드러운 목소리로 자신 없이 훈시를 하고 있다면, 그 적장이 통솔력을 잃었다는 징후이다. 적장이 함부로 상을 내려주고 있다면 지휘권이 약해져 속수무책이 되었다는 징후이다. 적장이 제멋대로 처벌을 한다면 그것은 적이 곤경에 처했다는 징후이다."

북한의 김정은이 지금 하고 있는 것이 제멋대로 처벌이다. 이전에 김정일이 '선군정치' 하면서 군대에 특혜를 주고 주변 참모들에게 선물 공세를 할 때도 '아! 속수무책에 들어갔구나!' 하고 알 수 있었다. 예나 지금이나 인간 행동의 원리는 똑같다. 병법서를 읽다 보면 저절로 도달하는 결론이 있다. '지휘관(장군)은 모든 것을 아는 사람, 모든 것을 알아야 하는 사람'이라는 것이다. 국가의 존망과 부하와 백성의 생명이 걸린 책임 있는 자리이기 때문이다. 전쟁 지휘관은 참으로 많은 것을 알고 있어야 한다. 역사, 정치, 경제, 민심의 방향, 기후, 지리, 보급품 확보와 공급, 아군의 상태, 적군의 상태… 말 그대로 도서관 같은 정보력과 정보의 운용 능력, 미래의 전망, 무엇보다 '자신을 다스리기.' 전쟁의 승패는 지휘관의 자질에 의해서 결정된다. 인생도 마찬가지다. 인격과 실력이 인생을 좌우한다. 전쟁론은 지식의 총합이다. 가진 모든 자원과 힘을 집중하는 총력전이기 때문이다. 결국, 가지고 있는 자원을 최대한 운용하는 능력이 지휘관의 능력이다. 주어진 조건에서의 최선! 병법서는 전투 기술만이 아니라 전쟁이라는 것이 무엇인지 사상을 말하고 있고, 인간 심리 분석에 아주 탁월하다. 스스로 연구해보라.

유튜브를 보고 나서 알고 있다고 착각하지 마라. 그건 지식체계를 세우지도 않고 한 움큼 지식으로 땜질하는 격이다. 필요할 때마다 땜빵만하다 보면 너의 인생 자체가 땜빵 인생이 된다. 종이로 된 책을 읽어라. 책을 읽으면서 생기는 통찰력이 있다. 유튜브만 보다 보면 5분짜리가 된다. 1시간 강의도 들을 수 없는 집중력 결핍 환자가 된다. 5분짜리 집중력 가지고 할 수 있는 중요한 일은 없다. SNS에는 없는 것이 없지만 진짜 중요한 것은 없다. 얄팍한 지식은 있으나 진정한 깨달음은 없다. SNS는 물리적 공간 제약이나 시간적 제약을 잠시 줄여줄 뿐 진정한 소통은 아니다. 착각하지 마라.

　누누이 말하지만 경(經)은 분량이 많아서 읽지 못하는 것이 아니라 사상의 깊이 때문에 읽기 힘든 것이다. 어릴 적에는 부드러운 음식만 먹지만 때가 되면 딱딱한 음식을 먹고 소화시켜야 하듯이, 책도 그렇다. 자세하게 풀어쓴 소(疏)가 아니라 직접 경(經)을 읽으며 생각하고, 체화(體化)해야 한다. 경(經)의 좋은 점이 있는데, 경(經) 1권 읽는 것이 소(疏) 100권, 1,000권 읽는 효과가 있다는 것이다. 무엇보다 경을 직접 읽지 않고 소만 읽으면 자신만의 생각이 자라지 않는다. 자신의 사상이 아니라 다른 사람의 사상이 너의 머릿속을 채우게 된다. 그러다 등신 되는 거다.

# 3경(經)

## -『시경(詩經.)』,『서경(書經)』,『역경(易經)』

◆◆◆

4서 3경이라고 할 때 4서는『논어』,『맹자』,『대학』,『중용』이고, 3경은
『역경』,『서경』,『시경』이다. 역경은 주역이라고 알고 있는 그 주역이다.
주나라의 역이라는 뜻이다. 시간이 지나면서 경이 하나씩 늘어나 최종
적으로 맹자가 들어가면서 13경이 되었다. 참고로 13경은『역경』,『서
경』,『시경』,『주례』,『의례』,『예기』(『대학』,『중용』포함),『논어』,『맹자』,
『춘추좌씨전』,『춘추공양전』,『춘추곡량전』,『이아』,『효경』이다. 5경이라
고 하면『역경,』『서경』,『시경』,『예기』,『춘추』다.

## 『시경(詩經)』

읽어보면 시집이다. 뭐 이런 걸 경(經)이라고 하는지 고개를 갸우뚱
거릴 수 있을 거다. 그런데 알고 나면 그냥 시집이 아니다. 시(詩)가 경
이 된 데는 이유가 다 있다. 원래는 가락이 붙은 노래였을 것이라고 본
다. 요즘 말로 대중가요다. 곡조는 세월 가면서 남아있지 않고 가사만
남아서 시가 되었다.

그런데 시장터의 대중가요 같은 이 시가 왜 중요했느냐 하면 이것이
민심 곧 여론이었기 때문에 주나라 왕실에서는 정해진 기간마다 그 노

래를 채집하여 민심의 흐름을 알았다. 이런 저잣거리의 노래를 채집하는 관리가 따로 있었다. 주왕실에서는 제후국에 채시관(采詩官), 채가사(采歌師) 관리를 보내 각 나라의 정치 상황과 민심을 파악했던 것이다. 채집된 노래가 오래도록 쌓이고, 곡조는 전해지지 않게 되었고, 세월 지나서 각 나라의 이전 상황을 파악하는 참고자료로 왕실에서 쓰이다 보니 중요한 자료가 된 것이다.

또 다른 이유도 있는데, 지금 중공에서도 알 수 있듯이 지방 사투리는 거의 외국어 수준이다. 동향 사람들만 쓰는 지방 사투리인 상해어나 충칭어만 하더라도 북경 표준어만 공부한 사람은 전혀 못 알아듣는다. 그냥 다른 외국어다. 그런데 기원전 7~3세기는 어땠을까? 노나라 말과 진나라 말이 달랐고, 글자도 달랐다. 춘추시대에는 120여 개 나라가 있었을 것이라고 보는데, 그들의 말과 글이 다 달랐다면? 전국시대도 7개 나라로 정리가 되었지만 각각 나라의 말과 글이 다 달랐다. 문제는 외교무대에서 무슨 말을 쓰고 무슨 글자를 쓰느냐 하는 것이다. 지금이야 국제외교 무대에서 영어와 불어를 공식 언어로 사용하지만 그때는? 각국의 군주나 사신이 만나서 회맹을 하거나 외교활동을 할 때 그때 사용한 것이 『시경』이었다. 즉 『시경』은 외교 언어였던 것이다. 제나라 사신이 『시경』의 한 대목을 인용하면, 그 부분이 의미하는 바가 무엇인지를 그 시의 배경과 출처와 의도를 파악해서 초나라 대신은 『시경』의 다른 시를 인용하여 응대하는 식이었다. 그래서 공자께서도 제자들에게 시(詩)를 공부하라고 했는데, 그 시가 시경이다. 제자가 시를 알고 있는 것을 인지하고 "드디어 너와 대화를 할 수 있게 되었구나!" 하며 기뻐하기도 했다.

『시경』은 모두 305편의 시로 구성되었다. 구분을 하면 국풍(國風), 소아(小雅), 대아(大雅), 송(頌) 네 부분으로 나눈다.

- 국풍(國風): 15 나라의 민요
- 대아(大雅): 조회 때 쓰던 음악(雅: 우아하다는 단어를 보면 짐작 가능)
- 소아(小雅): 잔치 때 쓰던 음악
- 송(頌): 제사를 지낼 때 송축하는 노래

'대아', '소아'가 '국풍'보다 좀 더 공적인 내용이다 보니 더 장중하고 단아하다. '국풍'은 민요다 보니 진술한 남녀 감정 표현에 놀랄 수도 있다. "야~ 그 옛날에 이런 진술한 표현을 여인이 했단 말이야!" 하는 것들이 많다. 부역 나간 남편을 그리워하는 내용, 남편에게 버림받고 한탄하는 내용, 짝사랑하는 남자가 거들떠보지도 않으니까 멍청이라고 욕을 하기도 하고…. 하나 예를 들어볼까. 『논어』에서 공자도 "정(鄭)나라의 음악은 음란하다"고 했던 그 정나라 국풍 하나 소개한다. 지금 보면 별로 세지 않은데 공자 관점에서는 개인적인 감정을 너무 드러냈다고 생각했나 보다.

〈건상(褰裳), 치마를 걷고〉

子惠思我(자혜사아) 그대가 나를 사랑한다면
褰裳涉溱(건상섭진) 치마 걷고 진수라도 건너련만
子不我思(자불아사) 그대가 나를 사랑하지 않는다면

豈無他人(기무타인) 어찌 다른 사람이 없을까

狂童之狂也且(광동지광야차) 이 미친놈이 미친 짓 하는구나

子惠思我(자혜사아) 그대가 나를 사랑한다면

褰裳涉洧(건상섭유) 치마 걷고 유수라도 건너련만

子不我思(자불아사) 그대 나를 사랑하지 않는다면

豈無他士(기무타사) 어찌 다른 남자 없을까

狂童之狂也且(광동지광야차) 이 미친놈이 미친 짓 하는구나

　국풍을 읽다 보면 과한 세금을 매기는 부패한 관리를 쥐라고 조롱하는 내용도 있고, 개인적인 애환을 읊는 내용이 많은데 전반적으로 그 당시 사회상을 알 수 있는 것들이 많다. 『시경』을 읽으면서 주석을 따로 구입해서 공부하는 것보다 편마다 간단한 설명이 들어있는 책을 보는 게 좋을 것이다. 전문 연구자가 아니니까 시는 시로서 그냥 즐기는 수준이면 족하지 않을까 한다. 다만 후세대 동양고전 곳곳에서 인용한 부분이 많으니 『시경』이 뭔지 궁금해서라도 한 번은 읽어봐야 하는 정도다.

　음악이나 그림은 아는 만큼 들리고 보이는 법이다. 시도 아는 만큼 느껴지고 즐길 수 있다. 하지만 시는 조금 다른 면이 있다. 인간을 해부하면 해체된 시체만 남는다. 시를 입시 공부처럼 주석해버리면 시가 아니라 시의 시체만 남게 될 것이다. 『시경』뿐만 아니라 시론, 시 해석에 너무 깊이 빠지지 마라. 『시경』은 약간의 설명만 붙어있는 책으로 윤곽만 잡고 읽고 느끼는 것이다. 시경을 연구할 시간에 오히려 당시(唐詩), 송사(宋詞)와 하이쿠(はいく)를 더 읽어보는 것을 추천한다.

## 하이쿠(はいく) 추천 도서

- 류시화, 『백만 광년의 고독 속에서 한 줄의 시를 읽다』
- 마쓰오 바쇼, 류시화 옮김, 『바쇼 하이쿠 선집』

이 두 권으로 시작해서 점점 원서로 넘어가 보라. 참으로 매력적인 세계다.

## 『서경(書經)』(상서(尙書)- 上古의 史書)

인류가 문자로 기록을 남기기 시작한 시대를 일컬어 역사시대, 문자 기록이 없는 시대를 신화시대라고 한다. 현재 중공 땅에 사람이 살기 시작하면서 갑골문이라는 문자로 기록을 남긴 시대가 상(商)나라 때부터다. 상나라는 우리가 흔히 은(殷)나라라고도 한다. 상나라의 수도가 은허(殷墟)였기에 상나라를 무너뜨린 주(周)나라가 나중에 상나라를 낮춰 은나라라고 칭했다. 상나라 이전에 하(夏)나라가 있었는데, 하나라 자체 기록은 없고 후대 기록물을 통해서만 존재했었다는 것을 알 수 있다. 하나라의 왕은 우(禹)임금이다.

요순우탕문무주공(堯舜禹湯文武主公)이라고 할 때 우임금이다. 요순우탕문무주공(堯舜禹湯文武主公)은 요임금, 순임금, 하나라 우임금, 상(은)나라를 세운 탕왕, 주나라를 세운 왕은 무왕이지만 그 아버지 문왕이 강태공과 함께 개국의 기초를 다 세웠기에 문왕을 앞에 놓는다. 그리고 무왕의 동생 주공. 여기에 얽힌 이야기는 길다. 책을 읽다 보면 저절로 알게 되는 내용이니 더 이상 설명은 안 한다. 공자께서 꿈에서도 그리던 그 주공이 이 사람이다.

역사적인 자체 기록이 없는 요, 순, 우 시대는 신화시대인데 엄격히 말하면 후대 기록이 남아있으니 신화시대라고만 하기에는 좀 곤란한 면이 있다. 요임금 이전은 완전히 신화시대로 보는데 요임금부터는 역사로 인정하는 경향도 있다. 『서경』에 그 기록이 남아있으니까. 그러면 이 내용이 어떻게 문자 기록으로 남게 되었는가? 그전에 구전으로 내려온 것이 후일에 문자 기록으로 남은 것이다.

중국 최초의 역사 문헌은 상서(尙書)라고 하는『서경(書經)』이다. '경'은 나중에 덧붙인 말이고 처음에는 그냥 '서'라고 했다. 『시경』도 '시', 『역경』도 그냥 '역'이었다. 『서경』은 역사시대의 하, 상, 주 군주들의 활동과 관련된 고어(誥語, 왕의 말), 서사(誓詞, 군주의 서약) 등을 기록으로 남긴 것이다. 그것을 서(書)라고 한다.

상(은)나라와 주나라에는 통치자의 언행을 기록하는 사관(史官)이 있었는데, 상(은)나라 때는 무(巫)계급이 했고, 주나라에 이르러서는 최고의 학자계급이 담당했다. 무라고 하니까 오늘날 무당을 떠올리는데 그 당시 무는 제사장 계급이라고 보면 맞다. 이에 대해서는 나중에 문자 연구를 하다 보면 아주 흥미롭다. 통치자의 어록과 정치 활동에 관한 기록이 있는데『예기』와『한서』를 보자.

動則左史書之 言則右史書之
행동은 좌사(左史)가 기록하고 말씀은 우사(右史)가 기록한다.
_『예기(禮記)』, 「옥조(玉藻)」편

左史記言 右史記事

"좌사(左史)는 말씀을 기록하고 우사(右史)는 사실을 기록한다."

_『한서(漢書)』, 「예문지(藝文志)」편

『예기』와 『한서』에는 좌사와 우사의 직무가 반대로 기록되긴 했지만, 사관이 군주의 '말'과 '행동'을 모두 기록했음을 분명히 알 수 있다. 그렇다면 왜 기록했을까? 두 가지 정도로 대답할 수 있다. 첫째, 통치자의 통치행위를 기록할 필요가 있었다. 법적인 명령과 같은 것은 기록할 필요가 있었을 것이다. 둘째, 후대 군주들의 교육 목적으로 선대왕의 현명한 결정과 어리석은 행동을 기록해서 들려줄 필요가 있었을 것이다. 『서경』의 「태갑편(太甲篇)」 같은 경우에는 동양고전을 읽을 때 후대 왕들을 위한 경고로 자주 인용되는 것을 보게 될 것이다. 전후 사정을 알면 군주가 될 사람, 현재 군주들에게는 섬뜩한 경고다. 그 역사적 연유는 스스로 알아보도록 하라. 책상 앞에 써 붙여놓고 늘 마음에 새길 경구다.

太甲曰: 天作孽, 猶可違; 自作孽, 不可活

하늘이 내린 재앙은 피할 수 있지만, 스스로 만든 재앙에는 살아날 길이 없다.

군주의 말과 행동을 기록한 수많은 모든 문서를 '서'라고 한다. 그래서 '서'에도 종류가 있다. '서'를 분류하면 다음과 같은 것들이 있다.

- 고(誥): 군주가 신하에게 한 말

- 모(謨): 신하가 군주에게 올린 말

- 서(誓): 군주가 백성들에게 군사행동에 대한 서약

- 명(命): 군주의 명령

- 전(典): 중요한 사실 또는 역사적 기록

요임금부터 주나라까지 '서'를 기록한 것이니 오늘날 표현으로 하면 '국가기록물'이 될 것이다. 그 자체가 중요한 역사이기도 하고,『서경』을 처음부터 읽어 내려가기에는 지루할 수도 있다. 하지만 곳곳에 깊은 뜻이 배어있는 글들이 많으니 날 잡아서 독파해보라. 나라를 개국하고 유지하는 군주들의 경계 글이니 지도자가 될 사람들은 꼭 읽어야 할 책이다.

## 『역경(易經)』 (역(易), 주역(周易))

善易者不論易.

역(易)에 대해 진짜 많이 알게 되면 '역'을 논하지 않는다.

_『순자』

역(易)은 동양고전의 꽃이다. 인문학의 최종 결정판이기도 하다. 역의 숲에 빠지면 헤어나오지 못한다는 말이 있다. 사실이다. 너무 재미있으니까. 요즘 게임과는 비교가 되지 않는다. 그래서 자기조절이 필요한 책이다. 공자도 47살에 처음 역이라는 책을 알게 되었다. 3년을 공부해도 이해하기 어려웠다. 위편삼절(韋編三絶), 죽간을 묶은 가죽끈이 3번 끊어지도록 읽었는데도 이해하기 어려운 책이 『주역』이었다. 그 후 14년간 주유천하(周遊天下)를 떠난다. 천하를 다니면서 견문이 넓어졌고, 세상을 떠나기 5년 전부터 죽는 날까지 책을 정리하는데 그때 마지막으로 정리한 책이 '역'에 설명을 단 『십익(十翼)』이 아닌가 추측한다. 주유천하(周遊天下)는 천하를 두루 놀러 다닌 것이 아니었다. 죽을 위기가 여러 차례 있었던 고생길이었다. 공자와 제자는 13년 동안 넓은 세상을 보았고, 넓은 세상을 본 눈은 밝아졌다. 시대의 지식인 공자가 나이 70에 이르고서야 이해하고 설명을 달았던 그 책이 『역경(易經)』, 즉 『주역』이다. 『논어』에 나이 70세는 종심소욕불유구(從心所欲不踰矩)라고 했다. 마음 가는 대로 따라가도 허물이 없는 나이. 그 경지는 돼야 역을 이해하는 것이다.

공자께서 한 번 설명을 달아 길을 만들어놓으니 그다음부터는 그 길 가는 것이 수월해졌다. 하지만 여전히 험하다. 걸핏하면 샛길로 빠지고 어떤 때는 천 길 낭떠러지에 떨어지는 경우도 있다. 바로 『주역』으로 점을 치는 것이다. 이건 '역'에 대한 모독이다. 인간의 천박한 본성이 저지를 수 있는 최악의 경우다. 인간 이성과 상상력의 극치에서 피어난 인문학의 꽃에 똥을 뒤집어씌운 격이다. 좋은 것에는 항상 더러운 것들이 꼬이기 마련이다. 믿음, 신앙이라는 영역에 언제나 이단과 사이비가 꼬이듯이.

역(易)은 크게 의리역(義理易)과 상수역(象數易)이 있다. 의리역은 철학과 사상으로 해석하는 방법이고, 상수역은 상(象)과 수(數)로 풀이하는 방법이다. 점을 치는 인간들은 상수역에서 샛길로 샌다. 이성적인 인문학이 미신이 되는 순간이다. 상수역 또한 수 철학세계인데 여기서 신비주의로 빠져버리는 경우가 많다. 역은 하늘의 뜻을 발견하는 비서(祕書, 비밀의 책)나 천서(天書)가 아니라 수천 년 인간 생활에서 축적된 노인의 지혜다. 해석의 어려움은 논리의 단절과 비약이 있는 그 틈을 우리의 생각이 메우지 못해서 느끼는 것이다.

한 치 앞을 내다보지 못하는 인간의 한계, 인생의 불확실성, 예측 불가능한 불행과 고통의 도래 속에서 무엇인가 확실한 것을 잡고 싶은 인간적인 갈망이 점을 쳐서라도 안심하고 싶은 것이다. 그것이 미신이다. 迷信. 미혹된 믿음. 믿음의 영역에서 미혹되고 헤매는 것이 미신이다. 이성의 극치에서 나온 주역으로 미신을 만들지는 마라.


주역 관련 책을 선정하고 읽을 때 주의할 점이 있다. 첫째, 별자리와 연결하는 해석은 무조건 거르면 된다. 부정확한 별자리와 역 해석을 연결해? 일단 걸러라. 아무리 인문적 해석이라도 이건 아니다. 둘째, 괘와 효를 변형시키는 중간과정을 복잡하게 만드는 것도 걸러라. 복잡하게 만드는 것은 거기에 신비함을 더해서 신뢰성을 더 얻겠다는 뜻인데 사기라고 보면 된다. 효변설? 온전치 않다. 일단 다음 두 권으로 시작을 해보라.

- 왕필(王弼), 『주역 왕필주(註)』
- 신원봉, 『인문으로 읽는 주역』

미친 소리 안 하니 중심 잡는 데 도움이 된다. 그러고 나서 몇 권의 책을 더 참고하면 역에 대한 생각을 세울 수 있을 것이다. 아마도 다른 책을 더 찾아보고 싶을 것이다. 그렇게 되게 되어있다. 역이라는 것이 원래 그렇다.

왕필은 226년에 태어나 249년에 세상을 떠났다. 23살에 죽었다는 뜻이다. 왕필은 18살에 『노자주(老子註)』라는 책을 짓는다. 『노자(老子)』에 주(註)를 달았다는 뜻인데, 읽어보면 감탄을 한다. 믿어지지 않는다. 천재는 이런 사람을 두고 이르는 말이다. 다른 책도 아니고 『노자』를…. 그 왕필이 주역에 주를 단 것이 『주역 왕필주』다. 20살에서 23살 사이에 주역을 해석했다. 20대 초반에 역을 그 정도 이해하고 설명을 달았다는 것이 믿기 어려울 정도다. 하지만 사실이다.

그렇다면 돗자리 깔 것도 아닌데 역(易)을 공부해서 얻다 써먹느냐고 질문할 수 있다. 나 같은 경우에 역을 어떻게 쓰느냐 하면, 현재 내 머리와 시야에서 멀리 떨어져 있는 중요한 것을 다시 떠올려주는 기능으로 사용한다. 바삐 살다 보면 항상 염두에 두고 있어야 하는 중요한 것들이 의식에서 사라지고 무의식 단계로 내려가 버리는 경우가 있다. 정말 중요한데 무의식이나 관심 밖으로 밀려나 있는 것을 다시 떠올려 스스로에 대한 경계로 활용한다. 괘(卦)를 얻을 때마다 나 자신을 돌아보고 무엇에 더 정진해야 하는지, 나 자신도 모르게 어그러진 것들을 다시 바로 잡는 데 교훈으로 쓴다. 결국 역 공부는 자기 인격 수양이다. 그리고 한 가지 더, 모든 준비는 잘한다고 해도 빠진 것들이 언제나 있기 마련이다. 완벽한 준비란 없다. 생각하고 생각해서 나로서는 할 수 있는 일을 다 했다고 느끼지만, 마지막으로 뭔가를 빠뜨린 것은 없는지 확인하고 싶은데 그 내용을 다른 사람과 의논할 수 없을 때, 그때 괘를 얻어서 나 자신을 객관화시켜 보는 시간을 가지는 것이다. 내가 파악하지 못했던 미세한 조짐이나 징조를 파악하는 데도 객관화 시간은 중요하다. 가끔 그렇게 쓴다. 자신을 객관화시켜 볼 필요가 있을 때.

사업하는 사람들이 점쟁이를 찾아갈 것이 아니라 이런 식으로 역을 활용하면 좋을 텐데 정신이 약한 사람들은 무당을 찾는다. 일본 사업가 중에는 그런 사람이 많다. 사업가가 바쁜 스케줄 속에서도 꾸준히 동양고전을 공부하고, 고전 해석을 책으로 출판하는 경우가 많다. 읽어보면 내공이 보통이 아니다. 그런 사람이 사업에 성공한다. 걸핏하면 점쟁이나 찾아가고 툭하면 무당을 찾아가는 정신력으로 무슨 사업의 압박감을 견디겠는가? 점(占)이란 팔괘, 오행, 육효 등으로 앞날의 운수, 길흉화복을 알아보는 것인데 어떻게 그것이 가능한 일인가? 가능하다고 생각하는 그 자체가 미련함의 극치다. 뻔한 결말을 두고 혹시나 그 결말을 피하고 싶어서 마지막 몸부림을 치지만 자신의 행동을 바꿔야지 점만 친다고 뭐가 바뀔 수 있나? 인생에는 대부분 인과법칙이 적용된다. 콩 심으면 콩 나고, 팥 심으면 팥 나는 법이다. 콩 심고 팥 나기를 바라는 것이 점치는 것이라 보면 된다.

'역(易)'을 가지고 점을 치는 것은 독을 먹는 것과 같다. 독(毒) 자를 해자(解字)하면 풀 초+말 무의 합이다. '먹을 수 없는 풀, 먹으면 안 되는 풀'이란 뜻이다. 선지(先知)는 앞날을 미리 본다는 뜻이다. 어떻게 알 수 있는가? 첫째는 인과관계를 통해서 알 수 있고 둘째는 계시(啓示)를 통해서 알 수 있다. 인과관계는 사실 당연한 것이다. 어려운 것도 아니다. 잘못된 원인을 만들어놓고 옳은 결과를 바라기 때문에 보이지 않을 뿐이다. 투자 전문가 레이 달리오는 "자기 이익에 기울어지지 않고 있는 그대로 읽을 수만 있다면 누구나 볼 수 있는 것"이라고 했다. 장차 있을 일을 알 수 있는 두 번째 방법은 계시인데, 계시란 사람의 지혜로 알 수 없는 진리를 신이 가르쳐 알게 해준다는 뜻이다. 미래에 있을 일이라지만 이미 일어난 일이나 마찬가지다. 그러나 계시도 조금 주의를 기울여 살펴보면 인간의 행위에 대한 당연한 결과를 말하고 있음을 알 수 있다. 그 행위에 대한 결말은 당연히 이런 것이 될 것이다, 라고 미리 알려줄 뿐이다. 자신의 행위에 대한 결과는 슬픈 결말이 당연한데도 본인이 원하는 해피 엔딩을 기대하는 어리석음이 문제다.

역과 관련하여 좋은 사례가 있다. 왕충의 『논형』에 기록된 강태공이라 일컫는 태공망에 대한 일화다.

> "주(周)나라 무왕이 주(紂)왕을 정벌하면서 복서를 행했더니 좋지
> 않았다. 점에 이르기를 '크게 흉하다'고 했다. 태공이 시초(蓍草)를
> 밀치고 거북껍질을 짓밟으며 말했다. '말라빠진 껍데기와 죽은 풀이
> 어찌 길흉을 알리오.'"

주나라 역을 체계화한 문왕만큼이나 역에 대한 이해가 깊었던 태공망이 시초와 갑골을 밀쳐냈던 이유는 역을 믿지 못해서가 아니라 이미

시운이 주나라로 넘어온 것을 확신했고 군사력에 대한 정보도 확보했기 때문이었다.

『주역』은 미래에 내 욕망이 이루어지는지 예측하는 탐명(探命)이 아니다. 다산 정약용은 이렇게 말했다.

> "복서(卜筮)란 천명을 받는 것이다. 그러므로 장차 할 것이 있고 행할 것이 있어서 복서하는 것인데 후에 사람들은 이미 행하였거나 행한 것을 두고 복서한다. 이는 하늘의 기밀을 염탐해서 하늘의 뜻을 시험하는 큰 죄이다."

다산은 이것을 '의리에는 맞지만 성패가 분명하지 않은 경우에 하늘에 묻는 품명(稟命)'이라고 했다. 하지만 우리는 품명이 아니라 자기 자신의 재산이나 지위에 대해 점치는 데 이용하려고만 한다.

누군가 다른 사람에게 나의 운명을 꼭 물어보아야만 알 수 있는 사람이라면 이미 그의 운명은 별 볼 일 없는 사람이다. 운명이란 자신의 삶에서 일어나는 미세한 징조를 미리 감지하는 분별력과 자신의 행위에 대해 객관화하는 능력과 냉철한 판단에 의한 자기 행동 수정을 통해 더 나은 방향으로 나아갈 수 있다. 그 과정에서 낮은 마음으로 끝없이 배우고 공부하는 자세가 필요할 뿐이다. 그때 요긴한 것이 '역'이다.

역을 펼치면 일단 기본적으로 알아야 하는 용어들이 많을 것이다. 괘, 효, 상괘, 하괘, 구, 육, 양, 음, 건, 태, 이, 진, 손, 감, 간, 곤, 위, 응,

실, 득, 단전, 상전 등…. 책을 펴고 공부를 하면서 스스로 개념을 정리하고, 기본적으로 익힐 것은 좀 외우며 조금씩 조금씩 알아가는 재미를 맛보길 바란다. 일단 기본적으로 64괘를 익혀라. 책을 읽다 보면 주옥같은 글들이 많을 것이다. 평생을 가슴에 담고 살아갈 수 있는 천년의 지혜들이다.

『주역』의 64괘 중에 15번째 겸괘(謙卦)가 있다. 겸괘 이름은 지산겸(地山謙)이라고 한다. 상괘 곤(坤)이 땅(地), 하괘 간(艮)이 산(山)을 의미하기에 지산겸이라고 부른다. 괘의 의미는 땅속에 산이 박혀있는 것이다. 보통은 땅 위에 산이 솟아있는데 겸괘는 땅속에 산이 거꾸로 박혀있는 것이다. 그것이 겸(謙)이다. 겉으로 보기에는 평평한 땅인데 땅속에 산이 묻혀있는 것. 멀리서 볼 때는 금방 올라갈 것 같았는데 산을 오르기 시작하면 그 산은 높고 크다. 산이라는 것은 아무리 작은 뒷동산도 크다. 삽으로 뒷동산 퍼서 옮기려고 하면 시간은 얼마나 들까? 그것이 산이다. 그런 산이 땅속에 깊이 박혀있는 형상. 산이 박혀있으면서도 땅은 편평하다. 그것이 겸손(謙遜)의 의미다. 산같이 지위가 높거나, 돈이 있거나, 지식이 있거나… 뭐가 되었든 산 같은 것이 있어야 일단 겸할 수 있는 것이다. 땅속에 산이 없으면? 겸손이 아니다. 이와 관련해서 해주고 싶은 말이 있다.

"있는 놈이 있는 척하는 것은 당연(當然)이고, 없는 놈이 있는 척하는 것은 객기(客氣)이고, 있는 놈이 없는 척하는 것은 교활(狡猾)이고, 있는 놈이 있는 척하지 않는 것은 겸손(謙遜)이다. 젊은 너는 땅속에 산이 있는 것이 아니라 그냥 흙과 자갈이 있을 뿐이야. 겸손하려고 애쓰지 마라. 너는 겸손할 것이 없다. 뭐가 있어야 겸손하지. 너는 돈도 없고, 지식도 없고, 지위도 없고… 다 없네? 네가 겸손할 게 뭐 있노? 겸손하려고 하지 말고 너는 주제 파악을 해라. 여기서부터가 출발이다."

"너무 하다!" 싶어도 그게 현실이다. 나도 겸손하려고 하지 않는다. 이 나이 되도록 주제 파악이나 제대로 하려고 애쓰는 중이다. 바라기는 너는 겸손할 수 있는 사람이 되길 바란다. 너의 생이 다 가기 전에.

우리가 인문고전을 공부하는 이유는 결국 성경을 깊이 이해할 수 있는 '생각 훈련'이기 때문이다. 신비 영역인 영적 부분을 제외하고 인간으로서 할 수 있는 최선의 노력이 인문고전 공부다. 그러면서 인생과 하나님과 세상과 사람을 알아가는 것이다. 산다는 것과 믿는다는 것은 과정이다. 결과는 하나님께 맡기고 우리는 우리가 할 수 있는 최선의 노력을 하는 것이다. 솔로몬이 「전도서」에서 한 고백을 들어보자.

> "내 마음이 지혜와 지식을 많이 만나 보았음이로다 내가 다시 지혜
> 를 알고자 하며 미친 것들과 미련한 것들을 알고자 하여 마음을 썼
> 으나 이것도 바람을 잡으려는 것인 줄을 깨달았도다."
> _「전도서」 1:16~17

세상의 모든 지식을 다 공부하고 나중에는 '미친 것들과 미련한 것들'까지 공부한 솔로몬의 그 태도가 알고 보면 인문고전 공부 과정이다.

솔로몬이 그 과정을 다 거치고 나서 내린 결론은 이러하다.

"지혜가 많으면 번뇌도 많으니, 지식을 더하는 자는 근심을 더하느니라."

_「전도서」 1:18

## 그리고 최종 결론을 내린다.

"청년이여 네 어린 때를 즐거워하며 네 청년의 날들을 마음에 기뻐하며 마음에 원하는 길들과 네 눈에 보는 대로 행하라. 그러나 하나님이 이 모든 일로 말미암아 너를 심판하실 줄 알라. 그런즉 근심이 네 마음에서 떠나게 하며 악이 네 몸에서 물러가게 하라. 어릴 때와 검은 머리의 시절이 다 헛되니라. 너는 청년의 때에 너의 창조주를 기억하라. 곧 곤고한 날이 이르기 전에, 나는 아무 낙이 없다고 할 해들이 가깝기 전에 해와 빛과 달과 별들이 어둡기 전에 비 뒤에 구름이 다시 일어나기 전에 그리하라."

_「전도서」 11:9~12:2

# 동양고전 이해에
# 꼭 필요한 책

---◆◆◆---

- 펑유란, 『중국철학사』 상, 하
- 펑유란, 『중국철학간사』
- 펑유란, 『펑유란 자서전』

펑유란(馮友蘭)이라는 학자는 중국의 대학자다. 그와 동시대를 살았던 학자 중 군계일학(群鷄一鶴)이다. 그다음 세대 학자 중에서도 비교 불가능한 탁월한 학자다. 그 뒤에 리쩌허우도 있고 요즘 한국에도 알려져 유명한 이중톈, 왕리췬 같은 학자들과는 학문의 깊이와 폭이 다른 사람이다. 모든 고전은 그의 책을 항상 참고하면서 읽도록 하라. 기준과 방향을 잡는 데 중심이 되어줄 것이다. 그의 자서전도 읽어보라. 조금 두껍지만 중국 현대사를 이해하는 데 도움이 된다. 마오쩌둥이 문화대혁명 기간에 홍위병을 동원해서 이 대학자를 어떻게 대했는지, 공산 사상으로 개조시키려고 신장병을 앓고 있는 펑유란을 치료해주지 않는다. 살기 위해서 마오쩌둥 찬가도 짓고 머리를 숙이자 그때야 치료를 해준다. 그것이 공산주의다. 이후 펑유란의 학문은 공산 사상으로 한번 필터링을 거친 결과물이 나오기 시작한다.

『노자』 80장 소국과민(小國寡民) 해석을 보면 가슴이 아프다. 중공은 소수민족이 50개가 넘는다. 소수민족을 지배해야 하는 중공의 정치적 입장이 반영된 학문은 정말 슬픈 결과물들을 만들어낸다. 『노자』는 누가 봐도 '나라는 작고 백성의 숫자는 적은 나라'라는 뜻으로 사용했을 텐데 펑유란은 이 부분을 이렇게 해석한다.

> 『노자』 80장에서 말한 것은 결코 하나의 사회가 아니라 어떤 부류의 사람의 정신적 경지라고 말할 수 있겠다. 노자에서 요구하는 것은 바로 그와 같은 정신적 경지이다.

펑유란의 이와 같은 해석 이후 『노자』 80장에 대한 후배 학자들의 해석은 대부분 "『노자』 80장의 해석은 펑유란의 해석을 따르고 지지한다"가 끝이다. 이런 몇몇 부분을 제외하고는 동양고전에 대한 그의 해석은 탁월 그 자체다. 한 사람이 그와 같은 학문적 경지에 이르기에는 거의 불가능해 보일 정도로.

### 중국 현대사 이해

- 프랑크 디쾨터, 『해방의 비극』- 인민 3부작
- 엔도 호마레, 『모택동 인민의 배신자』
- 션판, 『홍위병』
- Nien Cheng, 『Life and Death in SHANGHAI』
- 레비야 카디르, 『하늘을 흔드는 사람』

중국 현대사를 이해하기 좋은 책 몇 권을 소개해본다. 『모택동전』, 『주은래전』같은 책들은 공산당 선전을 위해 상당히 미화된 부분이 많으니 감안해서 읽기 바란다.

중공 현대사는 국제질서 이해를 위해 알고 있어야 하는 부분이다. 공산당 시각에서 보는 것보다 인민의 눈으로 보는 것이 더 이해가 잘될 것이다. 그래서 위의 책들을 추천한다. 신장 위구르 사태에 대한 이해는 레비야 카디르 책을 읽으면 그 연원부터 이해를 할 수 있다. 전체주의는 자체 모순으로 자멸하게 되어있다. 평등과 인민을 내세우지만 공산당이라는 특권층만 배부른 사회가 공산주의 사회다. 사회를 움직이는 동력이 부정과 부패일 수밖에 없는 시스템은 무너진다.

# 전(傳)과 소(疏)

———— ◆◆◆ ————

　춘추전국시대가 끝나면서 경(經)의 시대도 끝나고 이후 전(傳)의 시
대가 시작된다. 제자백가라고 하면 보통 『순자』까지라고 얘기들 하지만
『한비자』를 제외할 수는 없다. 유가 입장에서 법가인 『한비자』를 제외하
고 싶겠지만, 결코 제외할 수는 없다. 『관자』, 『논어』, 『묵자』, 『맹자』, 『노
자』, 『장자』, 『손자병법』, 『순자』, 『한비자』이 아홉은 어느 것 하나 버릴
것이 없다. 『관자』, 『순자』, 『한비자』, 『손자병법』을 중심으로 잡아라. 이
것이 현실적인 관점이다. 『논어』, 『묵자』, 『맹자』는 인격을 다듬고, 『노
자』와 『장자』는 깊고 깊다. 영성을 훈련하는 데 늘 품고 지내는 책으로
소중히 여겨라. 이후 더 이상의 경(經)과 전(傳)은 나오지 않는 시대가
되었다. 나올 것이 다 나왔다는 뜻이겠지. 인간의 이성으로 생각해낼
수 있는 모든 사상이 다 나온 것이다. 그래서 이후 주소(注疏)의 시대가
열린다. 성인과 현인의 경(經)을 해석하고 설명하는 시대다. 지금은 가
장 말단 소(疏)의 시대라고 보면 된다. '경'과 '전'에서 좋은 내용만 선택
해서 모은 모음집, 소(疏) 중에도 아주 탁월한 책들이 있다.

- 『채근담(菜根譚)』
- 『유몽영(幽夢影)』
- 『잠부론(潛夫論)』
- 『석시현문(昔時賢文)』

- 『신음어(呻吟語)』
- 『격언련벽(格言聯壁)』
- 『유학경림(幼學瓊林)』
- 『소창유기(小窗幽記)』
- 『위로야화(圍爐夜話)』
- 『세설신어(世說新語)』

이 정도만 읽어도 좋다. 그다음에는 자신의 역량에 따라 넓혀가라. 위의 책 중에 두 권만 선택하라면 『채근담(菜根譚)』과 『신음어(呻吟語)』를 꼽고 싶다. 『채근담』은 개인적인 처세에 대해 지혜로운 글이고, 『신음어』는 나라를 염려하며 신음하는 소리다. 이후 '공직자들의 지침서'라는 별명이 붙었다. 공직에 나서는 사람과 지위가 높아지는 사람이 자신의 인격과 성품을 어떻게 훈련할지, 일 처리를 어떻게 할지, 사람은 어떻게 대할지에 대해서 깊이 생각하게 만드는 책이다. 필히 읽고 마음에 새겨두라.

『채근담』의 특징을 느껴보라고 『채근담』에 나오는 글 몇 가지를 발췌해본다.

> "좁은 길에서는 한 걸음 양보하여 다른 사람을 먼저 가게 하고, 맛있는 음식은 조금 덜어 다른 사람들에게 맛보게 하라. 바로 이것이 세상을 살아가는 가장 편안하고 즐거운 방법 중 하나이다."

> "세상을 살아가는 데에는 한 걸음 양보하는 것이 뛰어난 행동이니, 물러나는 것이 곧 나아가는 바탕이기 때문이다. 사람을 대할 때는 너그럽게 하는 것이 복이 되니, 남을 이롭게 하는 것이 실로 자신을 이롭게 하는 바탕이기 때문이다."

"어떤 일이든지 여유로운 마음을 남겨둔다면, 하늘도 나를 시기하지 못할 것이고, 귀신도 나를 해칠 수 없을 것이다. 만일 사업에서 완벽을 구하고 공적에서 최고의 것을 구하고자 하면, 반드시 내우외환이 있을 것이다."

"이익과 욕심만이 마음을 해치는 것이 아니다. 자신만이 옳다고 생각하는 독선이야말로 마음을 해치는 도적이다. 음악과 성욕이 꼭 수양을 방해하는 것이 아니다. 스스로 총명하다고 잘난 체하는 것이야말로 수양(修養)의 장애물이다."

"병은 사람이 보지 못하는 곳에서 생기나 한번 발병하면 모두가 볼 수 있게 된다. 그러므로 군자가 남들이 보는 곳에서 죄를 짓지 않으려면, 먼저 아무도 모르는 곳에서부터 죄를 짓지 말아야 한다."

그리고 얼마나 부정과 부패에 시달리고 시기와 질투를 받았는지 다음과 같은 권면도 있는데, 선뜻 동의하기 힘든 내용도 있다.

"더러운 거름이 있는 땅에는 생물들이 잘 자라지만, 너무 맑은 물에는 항상 물고기가 살지 않는다. 그러므로 군자는 못된 사람을 포용하고 치욕을 참아내는 아량을 가져야 하며, 지나치게 고결한 것을 좋아하고 독단적인 행동을 하려는 지조는 가져서는 안 된다."

다음은 『신음어』에 나오는 글들이다. 해설은 필요가 없다. 자신이 직접 이 책을 읽고 생각하는 즐거움을 맛보라. 이 글들은 성격 파악용이다.

"사람의 눈 안에서 환상의 꽃이 어른거릴 때는 세상의 모든 사물이 망령되이 보인다. 사람의 귓속에 귀울림이 있을 때는 세상 모든 사물에 대해 듣는 것이 망령되이 들린다. 마음에 외물(外物)을 생각하면 세상 모든 일 처리를 망령된 뜻으로 처리하게 된다."

"30년 동안 마음을 기울였지만 거짓 위(僞) 자 하나 없애지 못했다. 허위라는 것이 어찌 말과 행동에만 있는 것이겠는가? 성실한 마음으로 백성들을 위해 전력하더라도 거기에 자신의 덕을 생각하는 마음이 조금이라도 섞여 있다면 그것은 허위다. 성실한 마음으로 선을 행하더라도 거기에 남이 알아줬으면 하는 마음이 조금이라도 섞인다면 그것은 곧 허위다."

"사람이 임종할 때 물건이라고는 어느 것 하나 지니고 갈 수 없다. 오직 마음 하나만 지니고 갈 수 있음에도 사람들은 그 마음을 무너뜨린다. 이렇게 되면 아무것도 없이 무일물(無一物)로 돌아가게 된다. 이것은 영영 돌이킬 수 없는 만고의 한(恨)이 될 것이다."

"나를 헐뜯는 말을 들어도 누가 헐뜯었는지 묻지 않아야 한다. 나에게 헐뜯는 그 일이 있다면 그 사람이 아니어도 반드시 말해주는 이가 있을 것이다. 나는 듣고 고치면 되는 것이다. 이것이 가르침을 받는 스승이 아니더라도 하나의 스승이 될 것이다. 나에게 그런 사실이 없다면 내가 변명하지 않아도 반드시 변명해주는 사람이 있을 것이다. 만약에 비난하는 그 말을 듣고 화를 낸다면 이것은 충고를 받아들일 줄 모르는 잘못 하나를 또다시 추가하는 것이다."

"오늘날 사대부들이 모여 서로 이야기를 나눌 때, 우리가 바쁘게 설치면서 힘쓰는 것은 천하와 나라를 위해 세상을 구제하고 민생을 안정시키고자 하는 것인가, 아니면 자기 한 몸이나 집안 그리고 처자를 위해 관직을 높이고 수입을 늘리고자 하는 것인가, 라고 묻고 있다. 아아! 우리 관리들의 수가 날로 늘어남에 따라 세상이 더욱 괴로워지고, 우리 관리들의 지위가 날로 귀해짐에 따라 백성들이 더욱 곤궁해진다면 세상 사람들이 무엇 때문에 우리들을 귀하게 여길 것인가!"

"간사한 짓을 막기 위한 법령은 필경 그것을 아무리 세밀하게 만들어도 결국 간사한 짓을 하는 자는 간사한 방법으로 빠져나간다. 저 간사한 짓을 하는 자 중에서 서투른 자는 거짓으로 속여서 법망을 빠져나가고, 능란한 자는 법령을 빠져나가려는 폐단을 만들어낸다. 이렇게 되면 애써 만든 법령이 있어도 폐해를 제거하기는커녕 도리어 그 폐해를 보태는 것이 된다. 저들이 간사한 짓 열 가지를 만들어내어도 그것이 법에 저촉되는 것은 한 가지일 뿐이다. 게다가 범죄자의 죄를 가볍게 하면 죄를 범하지 않은 자에게도 죄를 권장하는 것과 같다. 어떻게 법령이 지켜지고 행해지겠는가? 그러므로 법령을 엄격하게 집행하지 않으려면 차라리 법령이 없는 것보다 못하다."

『신음어』를 읽다 보면 '공직은 가벼운 것이 아니다'라는 사실을 깨닫는다. 높은 공직일수록 그러하다. 자기 자신의 영달을 위하고자 한다면 장사를 해야지 공직에 나가면 안 된다. 수많은 국민을 괴롭게 하고 고통으로 몰아가기 때문이다. 또, 『신음어』를 통해서 사회적 책임, 개인으로서 올바른 판단력이 얼마나 중요한지를 깨닫게 된다. 오늘날 한국 사회 젊은이들이 기억할 내용들이다.

그리고 신유가(新儒家)가 있는데, 신유가의 양대 고전은 『전습록(傳習錄, 왕양명)』과 『근사록(近思錄, 주자)』이 있다. 양명학 『전습록』은 일본으로 건너가 꽃을 피워 메이지 유신의 사상적 기반을 이루는 데 공헌한다. 그에 비해 주희의 『근사록』은 조선에서 발전한다. 이 두 권의 책도 사상을 비교하면서 읽어보라.

# 너 혼자만 살겠다고?
# 택도 없는 생각이다!

———— ◆◆◆ ————

전국시대 유명한 네 명의 공자(四 公子)가 있었다. 제나라의 맹상군, 위나라의 신릉군, 조나라의 평원군, 초나라의 춘신군을 말한다. 이들은 왕족 출신이다. 이들은 요즘 표현으로 싱크탱크라고 할 수 있는 식객을 수천 명씩 거느리고 있으면서 나라에 힘을 보탰다. 그중 조나라 평원군에 대한 이야기다.

장평대전 이후 진나라는 조나라를 병탄시키기 위해 조나라 수도 한단(邯鄲)을 포위했다. 포위 기간이 길어지면서, 초나라와 위나라에 원병을 요청했지만 원병의 도착은 늦어졌다. 그사이 성내의 상황은 끔찍해졌다. 어떻게든지 원병이 올 때까지 버텨야만 했다.

그때 '이담'이라는 젊은이가 평원군을 찾아와서 말했다. "공자께서는 조나라가 망하는 것은 두려워하지 않으십니까?" 평원군이 대답하기를 "조나라가 망하면 나도 포로가 될 텐데 어찌 두렵지 않겠는가?" 그러자 이담이 말했다. "한단의 백성들은 지금 뼈를 장작 삼아 밥을 짓고, 서로 자식을 바꿔먹고 있습니다. 하지만 공자의 처첩들은 그렇지 않습니다. 처첩과 시녀 수백 명이 비단옷을 입고 있고, 집안에는 고기와 식량이 남아돈다고 합니다. 백성들은 몸을 가릴 옷조차 없고 먹지도 못하고 있습니다. 게다가 무기조차 떨어져 나무를 깎아 만든 창밖에 없습니다. 그러나 공자의 금은보화는 조금도 축나지 않았습니다. 만약 진나라의 대군이 조나라를 격파하면 공자는 이 재산을 지킬 수 있겠습니까? 그 반대로 조나라가 온전히 보전된다면 공자께서 이 재산을 잃을까 염려할 필요가 있을까요? 공자께서는 지금부터 부인 이하의 모든 사람을 조나라 부대로 편입시키고, 보유하신 모든 것을 풀어 병사들을 먹이십시오. 그러면 병사들이 이 위급한 순간 감동하게 될 것입니다."

평원군은 이 말을 옳게 여겼다. 재산을 내놓고 3,000명의 결사대도 조직했다. 이담은 이 결사대를 이끌고 진나라 군영으로 돌진했고, 진나라 대군은 놀라서 30리를 후퇴했다. 이 전투에서 이담은 전사했지만 조나라는 필요한 시간을 벌었다. 이후 초나라의 원병이 도착했고 조, 위, 초 연합군은 진나라 대군을 물리쳐 한단의 포위는 풀렸다.

이담이 평원군에게 물었던 말을 기억하라.

"만약 진나라의 대군이 조나라를 격파하면 공자는 이 재산을 지킬 수 있겠습니까? 그 반대로 조나라가 온전히 보전된다면 공자께서 이 재산을 잃을까 염려할 필요가 있을까요?"

나라가 망하면 그 많은 재산이 무슨 소용인가? 나만 살겠다는 생각은 애초에 불가능하다. 택도 없는 생각이다.

자본가들은 언제나 권력에 달라붙어 있다. 경제적 기득권만 유지할 수 있다면 위기에 처한 정치권력 같은 것은 넘겨줘도 된다는 달콤한 유혹에 넘어가는 것이다. 오늘날 대한민국의 자본가들이 저지르는 잘못도 그러하다. 악악거리는 시민단체에 푼돈 던져주고 잠시 입막음을 하면 된다고 생각한다. 결국 그 행위가 사회 붕괴의 근본 원인인데도 사회체제가 무너지지 않을 것이라고 착각하는 것이다. 하지만 평원군은 그런 면에서 지혜로웠다. 지금 당장의 이익이 아니라 멀리 보는 눈이 있었다.

정권이 바뀌고 경제적 불이익을 당하는 일이 많아지자 많은 사람이 이민을 생각한다. 자기만 살겠다는 생각인데 이해는 된다. 평생 고생해서 이룬 재산인데 공산당처럼 훑어가니 억울한 심정에 그럴 수 있다고 십분 이해는 한다. 하지만 '나라는 지키는 것이지 살기 어렵다고 버리고 떠나는 것'이 아니다. 나도 이 땅에서 살아야 하지만 너도 살아야 하고 너의 자식들도 살아갈 토대가 나라다.

정권은 바꾸면 된다. 국민을 못살게 구는 정권은 바꾸면 된다. 예로부터 백성의 원한을 사고 무사한 지도자는 없었다. 천명이란 백성을 돌보는 것이고, 백성이 기뻐하는 것을 이루어주는 것이 정치다. 백성의 원통함이 쌓이면 전제군주제 시대에도 그 군주는 비참한 최후를 맞이했다. 지금은 얼마나 좋은가! 투표로 정권을 바꿀 수 있으니 말이다. 나라가 위기를 맞이했다면 혼자 살겠다고 도망칠 것이 아니라 네가 할 수 있는 일을 하라. 많은 사람이 말하길, "개인으로서 할 수 있는 일이 없다"고 하지만 그렇지 않다. 성을 지키겠다는 군민의 의지, 개인의 탐욕을 넘어선 평원군의 희사, 이담의 희생 중 어느 것 한 가지 할 수 있는 일을 하면 된다. 나만 살겠다는 비겁한 마음이 나라를 망하게 만드는 것이다. 그냥 한 개인으로서 네가 할 수 있는 일을 하라. 이순신 장군이 되려고도 하지 말고, 유관순이 되려고도 하지 마라. 이 세상 누구도 너에게 이순신 장군 역할을 요구하지 않는다. 그저 미약한 한 개인에 불과하지만 네가 할 수 있는 일을 찾아서 그 일을 하면 된다.

# 아들아!
## 너는 너의 길을 가라!

지금까지 얘기한 책들을 읽다 보면 자신도 모르는 사이에 생각하는 힘이 자랄 것이고, 지도자로서 갖추어야 할 지도력에 대해 알게 될 것이다. 무엇보다 한 남자로서 이 세상에서 살아갈 좋은 생각과 능력을 가지게 될 것이다. 네가 읽는 책들이 너를 인도해 갈 것이고, 너의 인격이 될 것이다. 그래서 좋은 책을 읽어야 한다. 자신의 기질과 천성을 극복하고 인격을 함양하도록 도와주는 책. 그릇된 욕망을 이겨내고 지도자로 자라가게 하는 책. 그런 책을 읽고 살아라. 진짜 중요한 것은 이 책들을 네가 직접 읽어야 한다는 것이다. 누군가의 해설만 읽지 말고 네가 직접 읽고 생각해라. 책을 읽는 도중에 분별력이 생길 것이고, 무엇이 옳고 그른 것인지, 어떤 길이 사는 길인지 판단할 수 있을 것이다.

앞으로 네가 살아갈 세상은 평탄치 않을 것이다. 아마도 격랑이 휘몰아칠 것인데, 네게 들려줄 인생의 고통과 고난에 대한 태도는 다른 말이 필요 없고 다음 세 가지 글로 대신한다.

故天將降大任於是人也 必先苦其心志 勞其筋骨 餓其體膚 空乏其身
行拂亂其所爲 所以動心忍性 曾益其所不能.

하늘이 장차 큰 임무를 어떤 사람에게 내리려 할 때는 반드시 먼저 그의 마음을 괴롭게 하고 그의 근골을 힘들게 하며, 그의 몸을 굶주리게 하고 그의 몸을 곤궁하게 하며, 어떤 일을 행함에 그가 하는 바를 뜻대로 되지 않게 어지럽힌다. 이것은 그의 마음을 분발시키고 성질을 참을성 있게 해 그가 할 수 없었던 일을 해낼 수 있게 도와주기 위한 것이다.

_『맹자』,「고하」편


投之亡地然后存, 陷之死地然后生, 夫衆陷于害, 然后能爲勝敗
군대란 멸망하는 땅에 던져져야 비로소 보존하는 방법을 깨닫게 되고,
하나도 살아남지 못할 땅에 빠져야 비로소 살아남는 방법을 찾게 된다.
군대는 위험에 빠져야만 승부를 생각하게 된다.

_『손자병법』


제자: "스승님! 운명은 왜 저에게만 유독 가혹할까요?"
스승: "운명이 너를 키우고 싶은 게지."


언젠가는 너도 아버지가 되고 할아버지가 될 것이다. 아버지가 너를 키울 때 염두에 두고 있었던 교육관을 참고해서 너 자신의 방법을 찾아보아라. 어릴 때부터 수없이 들었던 이야기를 또 한 번 더 한다. 청나라 증국번이 아들에게 남긴 편지글에도 인용한 '유종원의 곽탁타' 이야기를 네게 처음 들려주었을 때 그 서운한 눈빛, 황당한 표정이 아직 잊히지 않는다. 하지만 자식 오래 품고 있으면 그 자식 바보 된다. 똑똑한 아버지가 아들 병신 만든다는 말이 있다. 맞는 말이다. 때가 되면 부모 품을 떠나는 것이 가장 좋은 교육이다.


곽탁타는 처음에 이름이 무엇인지 모른다. 곱사병을 앓아 등이 높이 솟아 나와 구부리고 다녀 그 모습이 낙타와 비슷하므로 마을 사람들이 '탁타'라고 불렀다. '탁타'는 그 말을 듣고 "매우 좋다. 내 이름으로 정말 적당하다"라고 말하며 본명을 버리고 스스로 '탁타'라고 하였다. 그의 고

향은 풍악으로 장안의 서쪽에 있었다. '탁타'는 나무 심는 일을 하였는데 대부분 장안의 부호들이 관상을 위하여 정원을 만들거나 과실을 파는 자들이 모두 앞다퉈 영접하여 그를 대접하였다. '탁타'가 심은 나무와 옮긴 나무를 보면 살지 않은 것이 없고, 열매가 크고 무성하며 결실의 기간도 빠르고 많이 달렸다. 다른 사람들이 엿보고 흉내를 내보았지만 그와 같지는 못하였다. 어떤 사람이 그 이유를 묻자, 다음과 같이 대답하였다.

"내가 나무를 오래 살게 하고 또 열매를 많이 맺게 하는 능력이 있는 것이 아니라, 나무의 천성에 맞추어 그 본성대로 살게 한 것뿐입니다. 대체로 나무의 본성이란 그 뿌리는 자유롭게 뻗기를 바라고 북돋는 것은 고르게 해주기를 바라며, 흙은 이전에 뿌리가 있던 자리를 바라고, 흙을 다지기는 빈틈없이 해주기를 바랍니다.

다 심은 뒤에는 더 이상 건드리지 않고 이것이 과연 살아날까? 걱정하지도 않고 다시 돌아보지 않아야 합니다. 심을 때는 자식을 심는 것처럼 조심하고, 심은 뒤에는 마치 버리듯 해야 합니다. 이렇게 하면 그 천성이 온전해지고 본성이 유지됩니다. 그러므로 나는 나무의 자연스러운 성장을 방해하지 않을 따름이지, 크고 무성하게 하는 방법이 있는 것은 아닙니다. 나는 열매 맺음을 억제하거나 감소시키지 않을 따름이지 열매를 일찍, 많이 열리게 할 수 있는 것은 아닙니다.

다른 사람들은 그렇지 않으니, 뿌리는 구부러지고 흙은 새것으로 바꾸며 북돋는 것은 지나치게 하거나 모자라게 합니다. 이와 반대로 하는 사람은 또 지나치게 아끼고 과도하게 걱정하여 아침에 보고 저녁에 어루만지며 이미 떠났다가 다시 또 돌아봅니다. 정도가 심할 경우에는 그 껍질을 손톱으로 긁어 살았는지 죽었는지 알아보고 그 뿌리를 흔들어 북돋운 흙이 푸석한지 단단한지 살피니, 이로 인해 나무의 본성이 점점 파괴되어

갑니다.

이러하니 비록 사랑한다고 말은 하지만 사실은 해치는 것이고, 비록 걱정한다고 말하지만 사실은 원수처럼 못살게 하는 것입니다. 그래서 나는 그렇게 하지 않을 뿐이니 내가 무슨 특별한 능력이 있겠습니까."

_유종원, 〈종수곽탁타전(種樹郭橐駝傳)〉

너를 키우면서 유종원의 〈종수곽탁타전〉도 늘 유념했지만 '헨리 데이빗 소로우'의 『월든』도 항상 기억하려고 노력했다. 사람마다 자라는 속도가 다르거든. 내 속도가 아니라 너의 속도에 맞추려고 애썼다. 속이 터질 때가 많았고, 열불이 나서 타 죽을 듯한 분노도 있었지만 너의 속도를 존중하려고 나로서는 최선을 다했다. 너도 너의 아들을 키울 때 유념해라.

"어떤 사람이 자기 또래들과 보조를 맞추지 않는다면, 그것은 아마 그가 그들과는 다른 북소리를 듣고 있기 때문일 것이다. 그 사람으로 하여금 자신이 듣는 음악에 맞춰 걸어가도록 내버려두라. 그 북소리의 박자가 어떻든, 또 그 소리가 얼마나 먼 곳에서 들리든 말이다. 그가 꼭 사과나무나 떡갈나무와 같은 속도로 성숙해야 한다는 법칙은 없다. 그가 남과 보조를 맞추기 위해 자신의 봄을 여름으로 바꾸어야 한단 말인가?"
_『월든』

20살이 되기 전의 아들은 보호자로서 돌봐줘야 하는 존재다. 지금껏 애비는 너의 보호자였다. 20살이 넘은 아들은 이제 骨肉之親(골육지친)으로 육친의 정을 나누는 관계가 아니라 스승과 제자 관계가 되는 것이 옳다. 육친의 정으로 너를 부둥켜안고 있으면 네가 제대로 자라지 않는다. 이제 애비의 품을 떠나라!

지금껏 많은 말을 했지만, 마지막으로 하고 싶은 말은 이거다.

"그 모든 아버지의 말을 다 믿지는 마라."

지금까지 독서와 경험으로 얻은 아버지의 통찰을 일일이 설명하지 않은 이유이기도 하다. 그것은 아버지의 것이다. 너의 것이 아니다. 너는 너의 공부 과정을 거칠 것이고, 너 자신의 깨달음이 있을 것이고, 너 자신이 내린 선택과 판단으로 너의 인생, 그 삶을 살아가야 하기 때문이다. 아버지의 말은 아버지의 말일 뿐이다. 너 자신의 사상과 신앙을 세워가는 데 참고는 할지언정 똑같이 할 필요는 없다. 그것은 아버지의 인생이었고, 아버지의 공부였을 뿐이다. 하나의 본보기로만 여기고 너 자신의 인생을 살아라. 이 세상의 모든 인간관계는 이해관계다. 단 한 점의 이익과 해로움을 생각하지 않는 관계는 없을 것이다. 이 세상에서 그 이해관계를 떠나 오직 너 자신만의 유익을 위해 충고해줄 수 있는 사람은 아마 이 애비밖에 없을 것이다. 하지만 그것도 참조만 해라.

너는 너의 길을 가라.
너의 두 발로 걸어가라.
너의 박자에 맞추어서….

아들아! 위대한 인물들을 흠모하고 본받아라.
하지만 '너'라는 한 사람이 모든 위대한 인물이 다 될 수 없다.
죽는 날까지 배우고 깨달으면서
너는 하나님께서 만드신 너 자신이 되어라.
해봐!

# Ⅱ부

## 논어(論語)

# 사고혁명(思考革命),
# 공자가 죽어야 한다고?

◆◆◆

공자 사상에 대한 반감과 비난의 소리를 어떻게 받아들여야 하나? 공자에 대해 반감을 가진 사람들은 말하길 "공자 사상은 봉건왕조의 통치사상으로 사용되었기에 읽을 필요나 가치가 없고, 폐기해야 할 사상이다"라고 말한다. 이 사람들은 현대에 이르러 자신의 이데올로기에 갇혀 있다 보니 그런 말을 책임 없이 쏟아내는 것이다.

생각해 보라. 그 시대는 봉건시대다. 인류의 시대정신이 그때는 봉건적 왕조시대였다. 그 시대를 살았던 사람들이 그때, 그 자리에서 만들어냈던 국가 통치방식, 사회 공동체 의식이 그냥 그만큼밖에 자라지 못한 거다. 수많은 역사적 굴곡을 겪으며 만들어진 오늘날의 자유민주 체제 안에서 2,500년 전의 봉건왕조 사상이 잘못되었다거나, 그 전제 군주제를 옹호하는 사상은 잘못되었다고 부정하는 것은 과연 논리적이고 합당한 주장일까. 50년 전만 하더라도 봉건 잔재가 남아있었다. 그때만 하더라도 양반 집안이니 상놈 집안이니 하는 소리를 하고 살았다. 불과 50년 전에 말이다. 오늘날 축첩을 긍정적으로 생각하는 사람은 없다. 하지만 50년 전에 동네 유지 할아버지는 첩을 데리고 살았는데 그냥 용인하는 사회 분위기였다. 요즘 같으면 바람났다고, 영감이 젊은 여자 밝힌다고 손가락질하겠지만 그때만 하더라도 사람들은 그러려니 했다.

그것이 시대정신의 발전 정도이고 의식 수준이다. 그런데 2,500년 전의 시대정신과 의식 수준을 오늘날 기준으로 부정한다는 것은 그것이야말로 시대착오적 발상이다. 그냥 그 시대는 그랬다. 오늘날 잣대로 평가할 수 없는 것이다. 어두웠던 시대였다고 생각하면 된다. 5살 꼬마에게 어른의 의식 수준을 요구하고 성인의 평가 기준으로 5살짜리를 평가하는 것과 같은 격이다.

기독교인 중에 누구 한 사람이 비도덕적인 잘못을 저질렀다면 하나님이 비난받아야 하는가? 신앙생활을 잘못한 그 사람이 비난을 받아야 하는가? 공자가 전해주고 싶었던 정신을 제대로 이어받지 못한 제자라고 자청하는 이들이 문제냐? 공자가 문제냐? 공자 정신, 공자 사상에는 문제 될 것이 없다. 조선시대 사대부라는 무리들이 공자의 정신을 제대로 해석하지 못하고 극단적인 관념론으로 흐르면서 당파의 이익을 위해 공자의 가르침을 자의적으로 해석한 것이 문제지, 공자 사상에 문제가 있는 것이 아니다. 주자학을 비난하는 사람들도 있는데 주희의 글을 읽어보면 주희가 무슨 죄가 있나? 주자를 자기 이익 수단으로 이용한 인간들 잘못이지. 공자와 주자가 전해주고자 했던 정신은 보지 않고 그 사상을 이용한 사람들의 잘못을 공자 탓으로 돌리는 것은 잘못된 것이다.

『논어』를 공부하다 보면 공자는 오히려 그 시대 정신을 훨씬 뛰어넘는 놀라운 개혁주의자였다는 사실을 발견하게 된다. 봉건시대라는 것은 왕이 제후에게 영토를 분배해주고 지배권을 행사하던 시대이다. 그 지배권은 신분계급으로 유지되는 것이다. 지배계급과 피지배계급은 한

자리에 앉지도 못한다. 1990년대 말 우리가 중공에 갔을 때만 하더라도 식당에서 식사하면서 중국인 기사에게 한 식탁에서 밥을 먹자고 했을 때, 그들은 자신을 고용한 사람과 한 식탁에 앉아 밥을 먹을 수 있다는 생각 자체를 하지 않았다. 30년 전에도 그랬는데, 공자는 지금으로부터 2,500년 전의 인물이다.

인류 역사상 멋진 남자 두 명을 고르라고 하면 나는 서양에는 카이사르, 동양에는 당 태종이라고 말한다. 당나라 시대가 공자로부터 1,000년이 지난 시기다. 그 당 태종 때 이런 일들이 있었다.

당시 농업을 장려하고 상공업을 억압했던 터라, 상공업에 종사하는 사람들은 시장 한복판 길을 걸어갈 수 없고 길 가장자리로만 다녀야 한다는 내용이 법률로 있었다. 또, 상공업에 종사하는 천한 신분을 표시하는 방법으로 한쪽 신발은 검은색, 다른 한쪽 신발은 흰색을 신어야 했다. 법률로 짝짝이 색깔 신발을 신어야 했던 시대가 바로 천하가 태평성대를 누렸다는 그 유명한 정관지치(貞觀之治) 시대였다.

중국사람들은 '미안하다'라는 말을 잘 안 한다. 기껏해야 "부하오이스(不好意思)"라고 말하는데 그것도 잘 안 한다. 중국사람들로부터 진짜 듣기 어려운 말이 있는데, 자기 잘못을 인정하면서 사과의 의미를 표하는 "뚜이부치(對不起)"다. "뚜이부치"는 '당신을 대면해서 예의상 일어나야 하는데 일어날 상황이 아니어서 앉아서 맞이하는 실례를 범한다'는 뜻이다. 그러나 사실은 신분이 높은 사람이 자기보다 낮은 신분의 사람이 들어올 때 인사치레로 하는 말이 "뚜이부치"였다. 요즘도 친한 사이에는 사람을 맞이하면서 "나 안 일어난다!"라고 말하는데 그런 뜻이다. 신분이 대사구(大司寇, 오늘날 법무부 장관)까지 지냈던 공자는 그 신분 질서를 뛰어넘는 행동을 많이 보여주었다. 그 시대로서는 있을 수 없는 일들을 많이 했다.

춘추전국시대 신분 계급을 구분하면 다음과 같다.

왕(天子)-공(公)-경(卿)-대부(大夫)-사(士)-농(農)-공(工)-상(商)-노비(奴婢)

공(公)은 왕족이다. 우리가 농담조로 친구를 부르며 "김공! 박공!"이라고 부르는 것은 그냥 상대방을 존중한다는 정도이지만 그 옛날 신분 질서 아래에서는 꿈에도 생각할 수 없는 호칭이다. 공은 왕족에게만 붙이는 호칭이다. 공자(公子)라고 하면 왕의 아들, 왕자라는 뜻이다. 한비자가 한(韓)나라 왕의 아들이었기 때문에 원문을 보면 한비자를 칭할 때 공자라는 표현을 볼 수 있다. 경(卿)은 신하 중에서 가장 높은 계급이다. 제후급이다. 대부(大夫) 중에서 가장 높은 신분이라고 보면 된다. 사(士)는 지배계급의 제일 말단 계급인데 귀족들의 실무를 담당하는 집사계급 정도로 이해하면 된다. 그러나 공자가 제자를 육성해서 사회에 공급하기 시작하면서 사라는 계급이 완전히 달라진다. 사회의 싱크탱크 기능을 담당한다. 농, 공, 상은 알 것이고, 노비(奴婢)라고 할 때 奴는 남자 노예, 婢는 여자 노예다.

왕(天子)부터 사까지는 지배계급이고 그 이하는 피지배계급이었다. 學은 지배계급 귀족들만 할 수 있는 것이고 피지배계급은 學의 과정에서 배제되었는데, 지배계급은 철저하게 피지배계급의 學에 대한 접근을 막았다. 그것이 당시 세상을 통치하는 방식이었다. 오직 지배계급만이 學이라는 과정을 통해 정보를 독점하고 통치하는 방식으로 사용했다. 學의 과정은 여러 방식이 있지만 책(冊)이라는 도구를 통해 대부분 이루어졌다. 그 당시 책은 개인이 출판할 수 없고 오직 나라에서만 만들 수 있었다. 정보의 독점이다. 정보의 독점은 그것에 접근할 수 있는 권한을 가진 자들에게만 제공하는 특권이었다.

귀족들만 들어가 배우는 것이 육례(六禮)였고, 서인(庶人)은 예(禮)를 지키지 않아도 되었다. '예'를 가르칠 필요가 없었다. 잘못하면 형벌(刑)로 다스리는 존재라고 여겼기 때문이다. 형(刑)이라는 글자를 해자(解字)해 보면 반듯한 모양 우물(井)과 칼(刀)의 회의 자이다. 잘못하면 말이 필요 없고 그냥 칼로 죽이는 것이다.

그 당시에도 학교(學校)가 있었는데 말타기, 활쏘기, 일상생활에 필요한 간단한 산수 같은 것을 배우는 상(庠)과 서(序)가 있었고 지방학교인 校가 있었다. 그러나 그것을 學이라고 말하지는 않는다. 學은 오로지 국학(國學)이었으니까. 그래서 學의 과정에 필요한 문자를 읽고 글자를 쓸 수 있다는 자체가 평민이 아니었다는 뜻이다. 그런 시대가 춘추전국시대였다. 그 시대에 공자는 學을 개방해서 제자를 받아 가르친 것이다. 얼마나 시대정신이 앞서있었는지 짐작이 되는가? 귀족들의 전유물인 學을 평민에게 확 풀어버린 것이다. 공자의 위대한 면이다. 그러니 일시에 3,000명의 제자가 몰려들었다. 공자의 핵심 제자 77명 중에는 천민 '염옹'부터 왕족에 이르기까지 그 출신이 다양했다. 심지어 성질 급한 제자 '자로'는 요즘 말로 하면 시장의 조폭 출신이었다.

2,500년 전 계급사회에서 일어난 놀라운 변화였다. 이것은 혁명(革命)에 가까운 개혁이었다. 혁(革)이라는 글자는 동물의 가죽을 홀딱 벗겨 털을 제거한 것을 뜻하는데, 그런 의미에서 공자는 시대정신을 넘어 완전히 새로운 것을 실제 삶으로 보여준 실천 개혁가였다. 입으로만 공평과 공정을 떠들거나 결과의 평등 같은 사회주의적 평등을 외친 것이 아니라 공정한 기회를 부여했다. 學을 개방했다는 것은 그런 뜻이다. 「위령공」편에 유교무류(有敎無類)라는 표현이 나온다. 빈부귀천이나 신분에 차별을 두지 않고 가르쳤다는 뜻이다. 지금은 당연한 소리로 들리지만, 그 시대는 지금과 달랐다. 2,500년 전 신분 계급제 사회에서는 거의 불가능한 일이었다. 이 정도만 들어도 공자가 좀 달리 보이지 않는가? 공자 사상의 핵심이라고 하면 인(仁)이다, 충(忠)이다, 서(恕)다… 말들은 많은데 논어의 첫 글자부터 살펴보자.

『논어』는 20편으로 구성된 공자와 제자의 어록이다. 각 편에 이름이 있는데 해당 편에 나오는 첫 글자를 따서 이름 지은 것이다. 『논어』를 펴면 그 유명한 '학이시습지…'가 나온다.

> 學而時習之 不亦說乎? 有朋自遠方來 不亦樂乎?
> 人不知而不慍 不亦君子乎?
> _「學而」편

# 학(學)은
# 천명(天命)을 알아가는 과정이다

◆◆◆

　논어의 첫 글자 학(學)은 대강령(大綱領)이다. '대강령'이란 어떤 단체나 정당의 설립 목적, 운영방침, 규범 등을 요약한 것이다. 그래서 제일 앞에 위치한다. 공자의 제자들이 스승의 가르침을 기억하고 기록하면서 가장 앞부분에 배치할 내용과 글자를 그냥 우연히 배치하지는 않았으리라 생각한다. 제일 앞에 나오는 내용과 글자는 그들이 생각하기에 가장 소중한 것이지 않겠는가? 가장 먼저 말하고 싶고, 전해주고 싶은 것을 제일 앞에 내놓기 마련이다. 그 글자가 '학'이다.

　그렇다면, 학이란 무엇인가? '학'이라는 글자를 해자(解字)하면 '귀한 이가 책상에 앉아 산(算)가지 (효(爻))를 잡고 있는' 모양이다. 효(爻)? 예전에 하늘과 교감할 수 있었던 사람들이 영감이 떨어지고 나니 자신에게 중대한 사건(전쟁, 질병, 자연재해…)을 앞두고 하늘의 뜻(天命)을 물을 때 쓰던 산가지다. 국가 중대사는 거북이 배딱지에 금이 가는 것을 보고 천명을 알아보기도 하고, 개인사는 산가지를 던져 하늘의 뜻을 알아보기도 했다. 거북이 배딱지에 쓰여있던 글자가 오늘날 우리가 알고 있는 상(商, 은(殷))나라 갑골문(甲骨文)이다. 거북이 배딱지를 반으로 나눠(丨) 거기에 금(丶)이 가는 것을 보는 것이 점 복(卜)이다.

# 학(學)과 각(覺)은
# 아무나 하는 게 아니다

◆◆◆

學이란 배움이나 지식의 축적을 의미하는 것이 아니라 하늘의 뜻(天命)을 알아가는 과정이었음을 알 수 있다. '무엇을 學 하는가?'라는 질문을 한다면 글자에 이미 효(爻)가 있는 것을 볼 수 있다. 즉 천명(天命)인 하늘의 뜻을 學 하는 것이다. '하늘이 나에게 생명을 준 이유는 무엇일까? 나는 어떤 삶을 살아야 하는가? 나는 어떤 존재인가? 이 세상에서 나는 어떤 일을 하며 살아야 하는가?' 이런 질문을 골똘히 하는 것이 學이다. 그런데 學 하는 사람만이 각(覺, 깨달음) 할 수 있다. 學 하는 사람이 그 천명을 보는 것이 '깨달음'이다. 學이라는 글자에서 子를 빼고 볼견(見) 자를 넣으면 깨달을 각(覺)이 된다. 하늘이 내게 내린 사명이 무엇인지 간절하게 찾는 사람이 결국 그 사명을 알고, 그것을 깨달음이라고 하는 것이다. 천명을 알아가는 과정이 學이고 인생이다.

命이라는 글자의 갑골문은 '머리에 예관(禮冠)을 쓰고, 무릎을 꿇고 하늘의 소리를 기다리는 형상'이다. 命의 의미를 알고 나면 천명이라는 글자도 무슨 뜻인지 조금 선명해진다.

깨달음, 각(覺)은 學 하는 자에게 찾아오는 결과다. 그래서 學 하는 것이다. 「위령공」편 15-15에서 말한다.

子曰, 不曰 '如之何, 如之何'者, 吾末如之何也已矣.

공자 왈, '어찌하면 좋을까! 어찌하면 좋을까!'라고 고민하지 않는 사람은, 나 또한 어찌해볼 도리가 이미 없다.

간절하게 구하는 사람이 길을 찾는 법이다. 공자께서도 스스로 먼저 간절하게 길을 찾지 않는 사람은 어찌해볼 도리가 없다고 말한다. 이와 관련하여 「공야장」편에는 이런 내용이 있다.

宰予晝寢, 子曰 "朽木不可雕也, 糞土之墻不可杇也. 於予與可誅?"

재여가 낮잠을 자고 있자, 공자께서 말씀하셨다. "썩은 나무에는 조각을 할 수 없고 더러운 흙으로 쌓은 담장에는 흙손질을 할 수가 없다. 재여에 대해 무엇을 꾸짖겠는가?"

재여가 낮잠 자는 모습을 본 공자께서 평소와 다르게 아주 혹독하게 제자를 나무랐다. 글을 읽지 않고 게으름 부리는 것을 꾸짖는 것이 아니다. 공자께서 재여를 나무라는 것은 무지(無知)가 아니라 막지(莫知)다. 무지는 모르는 것이고, 막지는 알려고 하지 않는 것이다. 흔히 '무지막지한 놈'이라는 욕을 하는데 정말 큰 욕이다. 아는 것도 없고 알려고도 하지 않는 놈이라는 뜻이니 얼마나 큰 욕인가!

인간의 자질이 후목(朽木, 썩은 나무)과 분토(糞土, 분뇨 섞인 흙)라는 것이다. 분(糞)이라는 글자를 해자(解字)하면 쌀 미(米) 아래 다를 이(異)다. 쌀이 들어가서 다른 것이 나온다? 똥이라는 뜻이다. 공자님께서 어찌 그렇게 한 사람을 혹독하게 폄하하실 수 있는가, 의문이 든다. 하지만 공자께서 분노하신 것은 제자의 무지(無知)가 아니라 막지(莫知)였다. 모르면서도 알려고 하지 않는 제자의 태도에 분노한 것이다.

공부(工夫)한다는 것은 오늘날 사전적으로 '학문이나 기술을 배우고 익힌다'고 풀이한다. 하지만 공부(工夫)의 원래 뜻을 알아보기 위해 글자를 풀어보면(解字), 공(工)은 고대 무(巫)의 제사 도구였던 것으로 보인다. 무라고 하면 오늘날 무당으로 많이 쓰이다 보니, 잡신이나 미신을 섬기는 무속인 정도로 부정적 이미지를 가지고 있는 말이지만 고대에는 제사장이라고 해야 정확한 표현일 것이다. 무가 제사 드릴 때 왼손에 잡고 있는 도구가 왼(左)이고, 오른손에는 축문 그릇을 들고 있어서 오른쪽 右가 되는 것이다. 공은 신성한 도구다.

부(夫)는 사람을 뜻하는 큰 대(大)에 동곳(一)을 꽂은 것이다. 고대에는 성인이 되는 남자에게는 동곳, 여성에게는 비녀를 꽂아 표시를 했다. 어른이 되었다는 뜻이다. 지금은 그 뜻이 많이 달라졌지만 원래 글자가 만들어졌을 때 의미로서는 '성숙한 어른으로서 마땅히 해야 하는 신성한 일'이 공부였다. 요즘은 지식의 습득 정도로 공부를 이해하지만 원래 글자에는 훨씬 깊은 의미가 있다. 성숙한 어른이 되려는 사람이라면 마땅히 해야 하는 일, 성숙한 어른이라면 당연히 해야 하는 일이 공부다. 學을 한다는 것이 공부다.

學은 어떻게 하는가? 學은 問 하는 것이다. 묻는 것(問)이 학문하는 방법이다. 問 하려면 謙 해야 한다. '내가 너보다 낫다!'라는 생각으로는 물을 수 없다. 묻기 위해서는 내가 모른다는 사실을 인정해야 하고, 마음의 무릎을 먼저 꿇어야 한다. 겸손은 간절할 때만 가능한 마음의 태도다. 마음이 배부를 때는 교만하기 쉽다.

주역의 15번째 괘가 겸괘(謙卦)다. 상괘가 곤괘(困卦- 地)이고, 하괘는 간괘(艮卦- 山)다. 땅에 산이 박혀있는 地中有山. 본래 정상적인 모습이라면 땅 위에 산이 솟아있어야 하는데 겸괘의 모양은 땅속에 그 큰 산이 박혀있는 것이다. 그래서 겸의 전제조건은 산처럼 큰 것이 그 사람 안에 있어야 한다. 아무것도 없거나 별것도 없는 사람이 겸손하다는 것은 불가능하다. 산처럼 크고 대단한 것이 그 안에 있으면서도 밖으로 보기에는 평평한 땅처럼 보이는 것이 겸손이다. 겸허하다는 것은 먼저 남들보다 뛰어난 어떤 것이 있다는 사실을 전제한다. 가진 것도 없고, 아는 것도 없다면 그냥 '없는 것'이지 겸(謙)이 아니다.

> 曾子曰, "以能問於不能, 以多問於寡, 有若無, 實若虛, 犯而不校, 昔者吾友嘗從事於斯矣."
> 증자께서 말씀하시길, "능하면서도 능하지 못한 이에게 묻고, 많이 알면서도 적게 아는 자에게 물으며, 있으면서도 없는 것처럼 여기며, 가득 차 있으면서도 빈 것처럼 여기고, 남이 잘못을 범해도 잘잘못을 따지지 않는 것을, 옛날 나의 벗이 이를 실천하며 살았다."
> _「태백」편 5

증자가 벗 안연을 염두에 두고 한 말이다. 안연은 겸한 사람이었다.

공자의 제자 중에는 스승이 늘 가까이하며 인정하는 제자가 있었는데, 안연, 자공, 자로, 증삼이다. 그중에 공자께서 스승인 자신보다 더 낫다고 높이 평가하며 인정한 제자는 '안연'이었다. '안연'은 공자와 나이 차이가 30살이나 났지만, 공자보다 2년 먼저 세상을 떠난다. 자기 수양에 철저하여 단표누항(簞瓢陋巷)의 주인공이다. 공자의 천하주유(天下周遊) 14년 동안 온갖 고생을 다하며 스승을 돌보는데, 얼마나 고생이 되었던지 천하주유를 마치고 돌아와서 41세에 생을 뒤로하고 만다. 스승 공자께서 알아보고 인정해주었던 유일한 제자였다. 제자 안연이 죽자 공자는 "하늘이 나를 버렸다"고 탄식을 했을 정도였다. 자신의 가르침을 이어받을 유일한 제자가 없어졌으니 자신의 모든 가르침이 더 이상 전해질 수 없어져 사상의 대(代)가 끊겼다는 표현이었다. 얼마나 절망이 되었던지 어떤 험악한 경우에도 하늘을 믿었던 공자가 "하늘이 나를 버렸다"고 말했겠는가? 공자의 절망을 느낄 수 있는 대목이다.

> 子曰, "如有周公之才之美, 使驕且吝, 其餘不足觀也已."
> 공자께서 말씀하시길, "만일 주공의 재주와 아름다움을 가지고 있다 하더라도 만일 교만하거나 인색하다면, 그 나머지는 볼 것도 없다."
> _「태백」편 11

공자의 롤모델은 주공이었다. 춘추시대의 혼란 속에서 시대적인 혼란을 멈추고 다시 돌아가야 할 시대가 있다면 주공이 있었던 시대였다. 공자께서는 본받고 싶은 이상적인 인물로 주공을 마음에 품고 살았다.

얼마나 사모했는지 나이 들어서 "요즘은 꿈속에서 주공을 만나 뵌 지 오래되었다"고 한탄하며 자신의 부족함을 토로하기도 했다. 그런 인물이 주공인데, 그런 주공 같은 인물도 교만하다면 더 이상 사람으로 볼 것도 없다고 말한다. 마음의 무릎을 꿇는 겸손이 그만큼 중요하다는 말씀이다.

교만은 무서운 것이다. 이 교만이 왜 무섭냐 하면, 단순히 거만한 태도를 가지거나 자신만을 높이는 자세로 끝나지 않기 때문이다. 교만은 다른 사람들을 존귀한 존재로 생각하지 않고 짐승처럼 대한다. 그 대표적인 인물이 마오쩌둥이다. 마오쩌둥은 책을 많이 읽는 다독가였다. 얼마나 책을 좋아했는지 나이 들어 책 읽을 기력이 없을 때는 침상 옆에서 책 읽어주는 사람을 들일 정도였다. 보는 책들이 수준이 있는 책이다 보니 아무나 읽어줄 수 없어서 북경대 여교수 '노적'이 그 역할을 했다. 그렇게 책을 좋아했던 마오쩌둥이 무슨 짓을 저질렀는지 우리는 역사를 통해 잘 알고 있다. 그는 자신의 이념을 위해서라면 동족을 3,000만 명을 죽여도 좋다고 생각했다. 자신의 권력이 흔들리자 문화혁명이라는 이름으로 어린 소녀, 소년들을 부추겨 당대의 부자와 지식인을 또 얼마나 많이 죽였는가?

책을 많이 읽은 결과가 언제나 선한 것만은 아니다. 단순히 책을 많이 읽는다고 모든 사람이 위대한 인물이 되는 것은 아니다. 인간의 생명을 소중한 것으로 여기지 않는 괴물이 된다면 차라리 책을 읽지 않는 것이 더 나을 것이다. 그래서 책을 읽어도 하나님을 더 깊이 알게 되고, 책을 읽을수록 인간을 존귀한 존재로 소중히 여기는 겸(謙)한 사람이 되어야지, 책을 통해 얻은 지식과 정보로 자신의 야망과 욕망만을 채우려고 드는 교만(憍慢)한 사람은 세상을 망치게 되어있다.

> 孔子曰,"生而知之者上也, 學而知之者次也, 困而學之, 又其次也, 困而不學, 民斯爲下矣."
>
> 공자께서 말씀하시길, "태어나면서 아는 사람은 최상이고, 배워서 아는 사람은 그다음이며, 곤란한 지경에 처해서야 배우는 사람은 또 그다음이고, 곤란한 지경에 빠져서도 배우지 못하는 사람은 백성 중에서도 최하다."
>
> _「계씨」편 16-9

우리는 인생에서 많은 것을 배운다. 인생에서 정말 중요한 것은 대부분 고통과 슬픔을 통해 배우게 된다. 평상시에 잘 배우면 좋은데 인간은 꼭 아픔과 슬픔과 상실을 통해 배울까? 자질이 변변찮아서 그렇다. 프랑스 대혁명이 지나고 나서 생긴 속담이 있다. "사람이 글과 말로 배우지 못하면 몸으로 배우게 되어있고, 몸으로도 배우지 못하면 목으로 배우게 된다." 프랑스 대혁명은 인류 발전사에 긍정적인 면도 보여주었지만 다른 한편으로는 인간의 어리석음과 시행착오가 무엇인지를 보여주기도 했다. 혁명을 주도했던 인물들이 이후 모조리 단두대에서 목이 잘리는 비극으로 끝이 남으로 생긴 속담이다. 평상시에 말과 글로 잘 배우지 못하면 몸이 고생하는 크나큰 고통으로 배우게 된다는 뜻이다. 고통이라는 충격에서도 그 사람이 배우지 못하면 결국 목이 떨어지는 죽음의 순간 배우게 된다. 잘 배운다는 것이 방향도 중요하지만 제때에 잘 배우는 것도 중요하다.

> 子曰, "性相近也,習相遠也.", "唯上知與下愚不移."
>
> 공자께서 말씀하시길, "타고난 본성은 비슷하지만, 습관에 따라 서
> 로 멀어지게 된다.", "오직 상지(上知, 지극히 지혜로운 자)와 하우
> (下愚, 가장 어리석은 자)는 변화되지 않는다."
>
> _「양화」편 2, 3

> 子曰, "中人以上, 可以語上也, 中人以下, 不可以語上也."
>
> 공자께서 말씀하셨다. "중간이상의 사람들에게는 높은 수준의 것을
> 말할 수 있으나, 중간 이하의 사람들에게는 높은 수준의 것을 이야
> 기할 수 없다."
>
> _「옹야」편 19

사람은 쉽게 변하지 않는다. 깨지고 부서지는 경험이 있을 때까지 변
하지 않는다. 내적인 깨달음을 통해 변하면 좋은데 그것이 잘 안 되니
충격이 외부에서 오는 것이다. 살면서 '왜 나에게 이런 어려움이 생기는
가?'라는 한탄을 할 때가 많다. 왜 그럴까? 하늘이 나만 미워하는 것일
까? 공자에게는 제자가 많이 있었는데 대략 3,000명 정도였다. 그중에
서도 핵심 제자는 70여 명 정도였을 것이다. 그 많은 사람을 가르치면
서 내린 결론이, '사람의 기본 자질에 따라 잘 배우기도 하고 못 배우기
도 하니 너무 몰아붙이지 마라!'였다고 말씀하고 있다. 아주 현실적인
결론이다. 배우는 데 있어서 중요한 것은 가르치는 자의 자질도 중요하

지만 가만히 보면 배우는 자의 자질이 더 중요하다는 것을 깨달을 때가 많다. 그게 현실이다. 깨달음이라든가 배움이라든가 하는 것은 그 사람이 가지고 있던 지금까지의 한계를 넘어간다는 뜻인데 그 한계를 넘어가는 것이 쉬운 일인가? 특히 사고의 전환이 이루어져야 하는데 지금까지 가지고 살아왔던 사유 방식을 바꾸는 것이 쉬운 일은 아니다. 그래서 공자께서는 그 제자의 한계를 잘 알기에 한계 너머의 것을 툭 던져놓지만, 그 한계를 넘어가고 넘어가지 못하고는 본인의 의지와 노력에 맡겨두는 것이다. 배우는 자의 자질에 맡겨두는 것이다. 그 이상을 하려고 하면 서로 관계만 나빠진다. 오히려 미워하게 된다. 공자께서는 인간의 본성을 잘 알고 계셨던 것 같다. 하지만 배우는 자의 입장에서 "나는 이 정도밖에 되지 않으니 이 정도만 하고 살다 죽으렵니다!"라고 한다면 거기가 끝이다. 아무리 어렵고 힘들어 보여도 해보려는 마음을 분발시켜 시도해볼 때 우리의 한계를 넘어갈 수 있다. 찢어지고 깨지는 과정은 소중한 것을 배우는 과정이다.

冉求曰, "非不說子之道, 力不足也."
子曰, "力不足者, 中道而廢, 今女畫."
염구가 말하였다. "선생님의 도를 좋아하지 않는 것은 아니지만, 제 능력이 부족합니다."
공자께서 말씀하셨다. "능력이 부족한 자는 중도에서 그만두게 되는 것인데, 지금 너는 미리 선을 긋는구나."
_「옹야」편 10

자신이 정한 한계를 미리 정해두고 그 이상은 하지 못한다고 생각하면 그 한계 안에 갇혀 평생 살 수밖에 없다. 학문도 마찬가지다. 자기가 정한 한계에 갇히면 앞으로 나갈 수 없다. 진보나 발전은 한계를 건너가는 것이다. 아! 여기가 나의 한계구나! 더 이상은 못하겠다! 나는 여기까지야! 라는 생각이 들 때, 딱 한 걸음만 더 나아가자고 한 걸음을 내딛는 그 마음이 지금까지의 경계를 넘어가게 해준다. 學의 길도 그와 같다.

아랫글은 암송하고 언제든 쓸 수도 있게 기억해두라.

> 唐棣之華 偏其反而 豈不爾思 室是遠而
> (당체지화 편기반이 기불이사 실시원이)
> 子曰, "未之思也, 夫何遠之有"
> (자왈, "미지사야, 부하원지유")
> 당체 꽃이 바람에 펄럭이는데
> 내 어찌 그대를 생각하지 않으리오만
> 그대 머무는 곳이 너무 멀구나.
> 공자 왈 "그리워하지 않는 것이지, 진정 그리워한다면
> 어찌 멀리 있는 것을 탓하겠는가!
> _「자한」편 30

위의 글은 요즘 표현으로 그 당시 유행가였던 것으로 보인다. 그 당시 시중에 떠도는 유행가 가사를 읊으면서, 학문을 하고 싶어도 내 능력이 미치지 못한다고 제자가 변명을 하자 공자께서는 확고하게 말씀하

신다. "사랑하는 사람이 멀리 있어서 보고 싶어도 가지 못하는 것은 그리워하지 않는 것이다!" 선명한 스승의 가르침이다. 학문을 하고 싶은데 내 능력이 미치지 못한다는 것은 변명이고 핑계라는 것이다. "정말 능력이 미치지 못한다면 중도에 자연스레 그만두게 될 텐데 해보지도 않고 핑계를 대는구나!" 하고 나무라는 말씀이다.

子曰 "學而不思則罔, 思而不學則殆."
공자께서 말씀하셨다. "배우기만 하고 생각하지 않으면 얻는 게 없고, 생각만 하고 배우지 않으면 위태롭다."
_「위정」편 15

學은 언제나 思와 짝을 이룬다. 생각 사(思)는 머리와 마음이 합쳐진 글자다. 밭(田)처럼 보이지만 형태가 변형된 것이다. 원래 형태는 머리다. 생각은 머리로만 하는 것이 아니라 머리와 마음으로 하는 것이다. 지금까지 알지 못했던 것을 받아들이고 내버려두면 내면에 자리를 잡지 못한다. 생각하지 않으면 겉돌다 흔적 없이 사라지는 것이다. 얻는게 없다. 알지 못했던 것을 단순 지식으로 받아들이면 내 안에서 어떤 작용도 하지 않는다. 감동하고, 곱씹어 보고, 마음 판에 쪼아 새기는 것이 思다. '생각'보다는 '묵상'이라는 용어가 오히려 잘 어울릴 듯하다.

學의 방법은 또한 습(習) 하는 것이다. 좋은 습관을 들이는 것이 중요하다. 시습(時習)을 정현은 '제때에', 주자는 '무시로' 해석했다.
'가끔씩'이 아니라 시도 때도 없이 무시(無時)로 學 하는 것. 죽을 때까지 學 하는 것이다. 習은 날개와 날 일(日)로 구성된 글자다. 흰 백(白)이 아니다. 매일 날갯짓하는 것, 몸에 익어 습관이 될 때까지, 스며들 때까지 날갯짓하는 것이다. 저절로 그리될 때까지(自然) 날갯짓하는 것이 學을 하는 방법이다.

나쁜 것은 중독이 되고, 좋은 것은 훈련이 필요하다. 술, 담배, 마약, 게임 같은 것들은 쉽게 중독이 된다. 순간적인 즐거움과 쾌락이 있기 때문이다. 반면 책 읽기, 고전음악이나 오페라 감상, 운동 같은 것은 훈련이 필요하다. 가치 있다는 것은 알겠는데, 즐기고 누리는 단계까지 가지 못하는 이유는 우리의 '죄성' 때문이다. 學의 최고 단계인 자연(自然), '저절로 그렇게 되는' 수준으로 가려면 끝없는 훈련밖에 없다.

아들이 어릴 때 잘못을 저지르고 나에게 혼이 난 적이 있었다. 그때 초등학생이었던 아들에게 이렇게 말했다. "자꾸 그런 일을 반복하면 그게 네 인생이 돼!" 인생이 뭐 별거 있나! 반복하는 그것이 그 사람 인생이 되는 것이지. 그래서 좋은 습관을 체득하는 것이 중요하고 끝없이 자기를 극복하는 것이 중요하다. 무슨 뜻인지 정확하게 알지 못해도 그 말이 주는 충격이 있었는지 아들의 눈동자가 흔들리고 생각이 깊어지는 것을 볼 수 있었다. 그래서 공자도 "타고난 본성은 비슷하지만, 습성에 따라 서로 멀어지게 된다"고 말하는 것이다.

過而不改, 是謂過矣.
잘못이 있어도 고치지 않는 것, 그것이 바로 잘못이다.
_「위령공」편 15-29

過則勿憚改.

잘못이 있으면 고치기를 주저하지 마라.

_「자한」편 9-24

學의 과정은 죽은 나뭇가지를 스스로 떨어뜨리는 것과 같다. 내 안에 있는 거칠고 모나고 비뚤어진 것을 녹여내는 것이 學이다.

學의 결과는 무엇인가? 학생(學生)이다. 학생이라고 하면 student를 먼저 떠올리지만, '學 하면 生 한다'는 뜻이다. 學 하는 사람은 生 한다. 學은 生 하여 인간을 자유(自由)하게 만든다.

자유! '스스로에게서 말미암는다'는 뜻이다. 누군가 다른 사람이나 다른 힘에 의해서가 아니라 자기 자신의 생각으로, 자기 자신의 의지로, 자기 자신의 판단과 선택으로 이루어지는 모든 것을 자유라고 한다. 이런 자유는 저절로 이루어지는 것이 아니라 學 할 때 이루어지는 것이다. 學이 生 하면, 자유하는 인간을 만들고 자유인은 자유하는 세상을 만든다. 學 하여 生 하면, 인간 정신을 억압하고 세뇌하고 속이는 것으로부터 자유로운 정신을 가지고 책임 있는 개인으로 살아간다.

세상을 바꾸는 가장 좋은 방법은 나를 바꾸는 것이다. 비트겐슈타인이 말했다.

"그저 너 자신을 개선시켜라. 그것이 네가 세계를 개선시키기 위해서 할 수 있는 유일한 것이다."

수신제가치국평천하(修身齊家治國平天下). 이것을 두고 유교사상이 어떠하니 별 궤변을 늘어놓는 사람들이 많다. 이런 사람들은 수신(修身)하고 싶지 않은 것이다. 먼저 자기 자신을 훈련하고 닦는 수신, 수기(修己) 없이 그냥 자기 마음대로 할 수 있는 권력만 가지고 싶은 것이다. 수신, 수기는 힘들다. 이 사람들은 힘든 과정 없이 달콤한 결과만 먹고 싶은 것이다. 결코 이루어질 수 없고, 이루어져서도 안 되는 일이다. 수신, 수기 없이 지위와 권력을 가지게 되면 많은 사람을 다치게 만든다. 수신, 수기 없이 권력자가 되면 그 사람은 국가도 무너뜨린다. 한 나라도 망국으로 몰고 갈 수 있는 것이 수신, 수기 없는 자가 그 나라 지도자 자리에 있는 것이다.

춘추전국시대 500년 동안 수많은 나라가 망해갔다. 적대 국가가 강력해서가 아니라 스스로 망했다. 자멸(自滅)이다. 외부의 힘에 의해서가 아닌 나라 안에서 스스로 망조가 들 수밖에 없던 가장 큰 원인이 수신, 수기 없는 자가 권력을 가진 데 있다.

> 子路問君子, 曰修己以安人 曰修己以安百姓
> 「헌문」편에서 자로가 군자에 대해서 묻자, 공자 왈 "자기 수양을 통하여 사람들을 편안하게 해주어야 한다. 자기 수양을 통하여 백성들을 편안하게 해주어야 한다"라고 대답하셨다.

# 수기(修己)의 바탕

———— ◆◆◆ ————

不怨天 不尤人(불원천 불우인)
하늘을 원망하지 말고 다른 사람 탓하지 말라.
_「헌문」편 14-37

    원래 『서경』에 나오는 글인데 공자께서 『논어』에서 인용하신 글이다. 자기 자신을 수양하는 수기와 '하늘을 원망하지 말고 다른 사람 탓하지 말라'가 무슨 상관이 있느냐 싶을 거다. 수양이라고 하면 일상생활의 구체적인 방법을 떠올리는데, 그렇지 않다. 무엇이든 근본이 중요하다. 그것이 시작되는 곳, 중간에 길을 잃고 넘어져도 다시 돌아가면 새롭게 시작할 수 있는 곳. 그것이 근본이다. 그래서 근본이 잘못되었으면 갈 수 없고, 가더라도 넘어지게 되어있으며, 다시 돌아가서 새로 시작할 곳이 없다. 전제가 잘못되어있으면 이론도 실험도 다 틀려버리는 이치와 같다. 그릇된 가치관을 가지면 아무리 잘 살아보려고 해도 잘 살 수가 없다. 딛고 있는 것이 땅이 아니라 허공이기 때문이다.

    수기는 막혔을 때, 넘어졌을 때, 길이 보이지 않을 때 하늘을 원망하지 않고 다른 사람 탓하지 않는 태도에서부터 시작된다. 안 될 때 하늘을 원망하고 다른 사람 탓하는 것보다 더 쉬운 일이 어디 있나? 하늘이 너의 길을 막고 서있다 하더라도 하늘을 원망하지 마라. 하늘이 길을 막았다면 죽을 길 가지 말라고 막은 것이다. 지금은 아쉽겠지만, 그 길 계속 가면 죽음이 기다리고 있어서 막은 것이다. 또, 진짜 다른 사람 탓이라 하더라도 다른 사람 탓하지 마라. 사람 잘못 알아본 내 탓이다. 사람 알아보는 지혜로운 눈, 사람 마음을 읽을 수 있는 심안(心眼)을 열어주는 것이다. 그 사람이 스승이다. 이 마음의 태도부터 수기는 시작된다.

세상이 어지러워졌다. 정신이 무너졌고 가치관이 깨져버린 시대를 살게 되었다. 이제는 사람들이 짐승처럼 살다가 짐승처럼 죽어가고 있다. 말과 글로 배우려고 하지 않는다. 그러면 몸으로 배우는 수밖에 없다. 그것도 안 통해서 이제 목이 잘리면서 배워야 하는 지옥 같은 시대가 되었다. 그런 시대를 살아가면서 너의 길이 꽃길이 되리라고 생각한다면 그런 걸 두고 착각이라고 하는 것이다. 점점 어려운 시대를 살게 될 것이다. 그런 시대를 대비할 첫 번째는 不怨天 不尤人! 정신이다.


어려운 시대를 살 때 달콤한 위로는 일시적으로 위안은 될 수 있으나 자신의 두 발로 일어서게 하지는 못한다. 두 발로 일어서게 만드는 근본적인 힘은 '현실 인식'이다. 꼭 기억할 것. 현실은 그렇게 우호적이지도 않고, 공평하지도 않고, 따뜻하지도 않다. 그렇다고 이 세상이 사람 살 곳이 못 되는 곳은 아니다. 세상은 지옥 같아도 여전히 아름다운 곳이다. 이 세상은 인생과 사랑과 하나님을 배우고 알아가는 최고의 학교다. 이 자세를 가지는 모든 과정이 수기다.

# 실천(實踐)
## – 學을 이룬 자가 마땅히 할 일

———— ◆◆◆ ————

　실천(實踐)과 유리된 學은 관념의 유희(觀念遊戲)에 불과하고, 소요
(逍遙)일 뿐이다. 유희(遊戲)와 소요(逍遙)를 해자(解字)해보면, 遊戲는
깃발(㫃)이 바람에 날리듯(辶, 쉬엄쉬엄 갈 착) 놀고 있는 것과 옛날 그
릇(虍)을 창(戈)으로 툭툭 치며 노는 것이 합쳐진 말이다. 逍遙는 어슬
렁어슬렁 거닐면서 목적지 없이 돌아다니는 것을 의미하는 말이다.

　學이 그릇되면 한마디로 "놀고 있네"로 끝날 수 있다. 學이 관념으로
끝나지 않는 것은 學의 운명이다. 學은 필연코 실천으로 나타난다. 실
천으로 나타나지 않는 學은 學이 아니다.

　學 하는 이유는 나의 기질을 변화시켜 내가 옳다고 믿는 것, 學 한 것
을 실천하여 더 나은 미래, 더 나은 세상을 만들기 위해서다. 잊지 말아
야 할 것은 자신이 더 나은 사람이 되면 세상은 저절로 더 나은 곳이 된
다는 것이다. 스스로 변화한 대로 세상은 그 모습을 드러낼 것이다. 세
상을 변화시키려고 하지 마라. 세상은 네가 변화하지 않으면 결코 변하
지 않는다. 세상을 변화시키지 못해도 적어도 자신은 변화시킬 수는 있
지 않은가. 순서가 관건이다. 자신부터! 세상은 나중이다!

# 사우(師友) 스승이자 벗이 가장 좋은 관계다
## - 學의 과정에서 저절로 생긴 새로운 인간관계

———— ◆◆◆ ————

'친구'라고 하면 朋友(붕우, 펑요우)라고 한다. '벗'이라고도 하고, 북한에서는 '동무'라고도 한다. 비슷한 나이 또래이거나 한동네에서 살았다거나 한 학교에 다녔다는 인연으로 친구가 되지만 웃고 떠들고, 같이 놀거나 함께 시간을 보내는 관계이니 시간이 오래될수록 정은 깊어질 것이다. 그러나 그 관계는 성인이 되고 나서 이해관계에 의해 쉽게 깨진다.

『논어』에 등장하는 공자의 어릴 적 친구 원양을 보자. 한동네에서 어린 시절을 같이 보냈으니 전혀 모르는 타인과는 다른 관계였을 텐데 내용은 심상치 않다.

> 原壤夷俟子曰幼而不孫弟長而無述焉老而不死是爲賊以杖叩其脛.
> 원양이 다리를 벌리고 앉아서 기다리고 있었는데, 공자께서 이를 보시고는 "어려서는 공손하게 어른 모실 줄도 모르고, 자라서는 남이 알아줄 만한 것도 없고, 늙어서는 죽지도 않으니, 이는 사람들에게 피해만 주는 놈이다"라고 하시며, 지팡이로 그의 정강이를 내리치셨다.
> _「헌문」편 14-46

허물없는 어릴 적 친구니까 이 정도 심한 말을 할 수는 있었겠지만 어린 시절 이후 두 사람의 인생행로가 얼마나 달라졌는지 알 수 있는 대목이다. 두 사람 사이에 어떤 인간관계나 우정을 기대해볼 수 있을까? 찾으려 해도 접점이 안 보인다.

한 스승 밑에서 먹고 자고를 같이하며 동문수학했던 친구가 세상에 내려가서 이해관계 때문에 친구를 죽이고 또 죽을 위기에서 빠져나와 복수하면서 친구를 죽이는 그런 역사 기록은 많다. 아주 많다. 특히 한비자와 이사, 손빈과 방연의 이야기는 압권이다. 이익에 기울면 친구도 죽일 수 있는 것이 인간이다.

그렇다면 공자를 만나 동문수학하던 제자들은 어떤 관계를 맺으며 살았을까? 실패담도 있고 성공담도 있다. 하지만 아주 특별한 친구 관계가 탄생하는데, 바로 사우(師友) 관계다. 계급사회에는 있을 수 없는 새로운 인간관계가 탄생한다. 파당, 패거리, 끼리끼리, 떼거리가 아니다. 스승이면서 동시에 친구인 관계.

# 자극(刺戟)과 자각(自覺)
## - 스승은 자극을, 제자는 자각을

---◆◆◆---

　스승은 자극(刺戟)을 주는 사람이다. 자(刺)는 가시와 창끝이다. 극(戟)은 어둑어둑해서 잘 보이지 않을 때 창끝으로 풀 섶을 뒤적거려 찾는 것이다. 스승은 자극을 준다. 자극을 받고 아픈 사람만 배운다. 자극을 받고도 아프지 않으면 배우려고 하지 않는다. 그것이 자극과 자각이다. 스승과 제자 관계에서 가시로 찌르고 창끝으로 쑤실 때 많이 아파하는 자가 잘 배운다. 그 아픔은 감동이다. 기뻐할 때도 감동하지만, 지극히 슬퍼할 때도 감동한다. 자신의 무지를 슬퍼하는 자의 아픔은 스스로 깨우치는 자각의 길을 가도록 만든다.

　공자는 제자들에게 자극을 주었다. 깨우친 제자들은 서로에게 스승이 되었다. 주고받을 것이 없는 동류, 동급의 차원에서 서로 줄 것이 있는 관계, 사우 관계가 되었다. 친구의 최고 단계는 사우(師友) 관계가 아닐까 싶다. 우정과 연관된 고사성어들이 많다. 그 이야기 속에는 아름다운 사연들이 들어있다. 백아와 종자기의 백아절현(伯牙絶絃), 지음(知音) 이야기도 있고, 관중과 포숙아의 관포지교(管鮑之交) 이야기도 있다. 사우 관계라고 하면 '관중과 포숙아'가 최고일 것이다.

　젊은 날 관중과 포숙이 동업으로 장사를 했다. 장사를 마치고 매일

이익을 나누었는데 시장 상인들이 포숙에게 "관중이 너 모르게 이익금을 더 가져간다"고 일렀다. 그러자 "관중은 나보다 돌봐야 할 가족이 더 많기 때문입니다"라고 포숙이 말했다. 전쟁이 일어나 징집되었던 관중이 전쟁에 지고도 불명예스럽게 죽지 않고 살아 돌아왔다. 동네 사람들이 비난하자 "관중은 돌봐야 할 연로한 어머니가 살아계시기 때문입니다"라고 포숙이 말했다. 두 사람이 공부를 마치고 세상에 나가며 서로 말하길 "세상이 혼란해 앞으로 왕위를 두고 형제간에 피바람이 불 텐데 장래 일을 알 수 없으니 우리는 서로 다른 주군을 섬기다가 후일을 도모하자. 모시는 주군의 승패가 갈렸을 때 우리는 서로의 목숨을 살리도록 하자"고 맹세했다. 포숙이 따르던 소백(환공)이 승리하고, 관중이 따르던 공자 '규'는 죽었다. 전쟁에서 패하자 관중은 노나라로 도망을 갔다. 환공은 형인 공자 규의 책사였던 관중을 끝까지 찾아내 죽이려고 했으나 포숙이 환공을 설득했다. "공께서 작은 제후국의 군주로 만족하시려면 나 포숙으로 족하지만, 천하의 패자가 되시려고 한다면 나를 대신해 관중을 책사로 써야 합니다." 『국어(國語)』 「제어(齊語)」에는 이렇게 기록하고 있다.

주장왕 12년(기원전 685년), 제환공이 거(莒)나라에서 귀국해 군주가 된 후 포숙(鮑叔)을 집정인 태재(太宰)로 삼고자 했다. 포숙이 사양했다. "신은 단지 군주의 평범한 일개 신하에 불과합니다. 군주가 신에게 은혜를 베풀려 하시면 제가 헐벗고 굶주리는 동뇌(凍餒)를 하지 않게만 해주시면 됩니다. 만일 나라를 잘 다스리고자 하신다면 이는 제가 능히 할 수 있는 일이 아닙니다. 만일 그리하고자 하신다

면 오직 관이오(管夷吾, 관중)가 있을 뿐입니다. 신은 5가지 점에서
관이오를 따라갈 수 없습니다.”

이 순간 포숙은 ‘이사’나 ‘방연’이라는 인물과 뚜렷이 대별된다. 진시
황제가 동문수학했던 한비자를 등용하려 하자 이사는 그에게 독약을
먹여 죽였다. 방연은 친구 손빈에게 간첩죄를 씌워 감옥에 가두고 복숭
아뼈를 발라내 다리를 불구로 만들었다. 이사와 방연은 한 스승 아래
동문수학하면서 친구가 자신보다 더 뛰어남을 알고 질투한 것이다. 공
자는 이와 관련하여 「위령공」편에 남긴 글이다.

> 子曰, 臧文仲其竊位者與知柳下惠之賢而不與立也
> 공자 왈, 장문중은 그 직위를 도둑질한 자다. 그는 ‘유하혜’의 현명을
> 알고서도 그를 추천하여 함께 조정에 서지 않았다.
> _「위령공」편 15-13

하지만 포숙은 달랐다. 관중에게 자신의 자리를 내주고 자기 대신 군
주에게 쓰이길 추천했다.

관중의 임종 직전, 환공이 병문안을 갔다. 관중이 죽으면 대신할 책
사를 누구를 세워야 하느냐 물으며 ‘포숙이 어떠냐’고 의견을 물었다.
관중은 대답하길 “포숙은 안 됩니다!”라고 했다. 관중은 은혜를 모르는
나쁜 놈이 아니다. 포숙이라는 친구의 사람됨을 깊이 잘 알기 때문에
친구를 보호하고 동시에 패업이 이루어지도록 지극히 현실적인 조언을

한 것이다.

이것이 관포지교(管鮑之交)다. 하지만 관중에 대한 공자의 평가는 『논어』에 나오는 글을 보면 그렇게 썩 좋지는 않다. 그를 '인정은 하지만 완전하지는 않다'라고 말하는 것을 보면. 그러나 현실정치에 서 있었던 관중과 정치무대에서 떨어져 있던 공자의 시각 차이 정도로 이해하면 될 듯하다.

# 시관찰(視觀察),
# 사람 알아보는 능력

——— ◆◆◆ ———

관중과 포숙은 서로를 어떻게 알아보았을까? 그리고 우리는 앞으로 살아가면서 친구와 동료, 나와 연관된 사람을 어떻게 알아보고 대처를 할지 좋은 지침이 있다. 사람 알아보는 기본은 시관찰(視觀察)이다. 「위정」편에 나오는 글이다.

> 子曰, 視其所以 觀其所由 察其所安 人焉廋哉 人焉廋哉.
>
> 공자 왈, 그 사람이 하는 것을 보고, 그 동기를 살펴보고, 그가 편안
>
> 하게 여기는 것을 관찰해보라. 사람이 어떻게 자신을 숨기겠는가?
>
> 사람이 어떻게 자신을 숨길 수 있겠는가?
>
> _「위정」편 10-01

> 視, 눈에 보이는 대로 보는 것이다. 영어의 look, see
>
> 觀, 자세하게 본다는 뜻이다. 영어의 watch, 보려고 해서 보는 것
>
> 察, 觀보다 더 깊이, 상대의 내면까지 헤아리며 보는 것
>
> 所以, 지금 드러난 행동
>
> 所由, 현재 저렇게 행동하는 동기나 의도
>
> 所安, 겉으로가 아닌 진정으로 편안해 하고 즐거워하는 것

사람은 아무리 속이려 해도 시관찰을 통해 진심을 알 수 있다. 얼마 전에 잘못을 저지르고 나와서 기자회견 하는 사람이 있었다. 시종일관 본인은 잘못이 없다고 말은 하고 있었지만 땀을 비 오듯 흘리고 있는 모습을 보며 측은했다. 거짓말을 하고 있어서 몸이 그렇게 반응을 한 것이다. 관찰(觀察)까지 필요 없고 시(視)만 해도 알 수 있는 일이다. FBI 요원이었던 조 내버로의 『행동의 심리학』이나 『관찰의 기술』을 보면 간단하게 정리되어있다. 이스라엘의 모사드나 미국 FBI, CIA 같은 기관의 요원을 보면 심리학 전공자들이 많다. 인간행동 심리 전문가들, 즉 시관찰 전문가들이라고 보면 된다.

지도자가 되려면 여러 덕목을 갖추어야 하지만 그중에서도 가장 중요한 덕목은 '사람 알아보는 능력'이다. 지도자 본인이 아무리 탁월해도 혼자 모든 나랏일, 회사 일을 다 할 수는 없다. 인재를 알아보고 현명한 사람들을 등용해서 그들로 하여금 신나게 일하게 만드는 것이 유능한 지도자의 능력이다. 제일 먼저는 '사람 알아보는 능력'이 필요하다.

한편 친구나 동료를 사귈 때 염두에 두고 있어야 할 것도 있다.

> 子曰, 可與共學未可與適道可與適道未可與立可與立未可與權.
> 공자께서 말씀하시길, 함께 공부할 수 있는 사람이라도 함께 도(道)로 나아갈 수는 없고, 함께 도(道)로 나아갈 수 있는 사람이라도 입장을 같이할 수는 없으며, 입장을 같이할 수 있는 사람이라도 상황에 따른 판단을 함께할 수는 없다.
> _『논어』, 「자한」편 9-29

함께 공부를 했다고 같은 가치관과 같은 인생의 태도를 가질 것이라고 추측하거나 기대하지 마라. 보통은 거기서 실패한다. '어떻게 그럴 수가 있지?' 탄식하게 되는 상황은 근거 없는 추측과 기대 때문에 생긴다. 그 사람을 '시관찰' 했더라면 그런 낭패는 경험하지 않았을 것인데 근거 없는 막연한 기대가 배신감으로 끝날 길로 이끈다. 더 중요한 것이 있다.

子曰, "道不同, 不相爲謀"
공자께서 말씀하시길, "추구하는 도가 같지 않으면 함께 일을 꾀하지 않는다."
_「위령공」편 15-39

인생에서 정말 중요한 계획을 누군가와 함께해야만 한다면 함께할 사람의 가치관과 신앙을 꼭 점검하고 늘 염두에 두고 있어야 한다. 결정적인 순간에 뜻이 갈라지는 곳은 신념 체계와 믿음 체계다. 설령 신앙이 같을지라도 상황에 따른 판단은 달라질 수 있다는 사실을 받아들여라. 그리고 점검해라. 반복해서 점검해라. 가장 좋은 것은 가치관이 다른 사람과 함께 멍에를 메지 않는 것이다.

공자께서 기본을 말씀하신다. 평범한 문장처럼 보이지만 진리다. 이러한 기본만 지켜도 낭패를 당하지 않는다.

孔子曰 益者三友損者三友 友直友諒*友多聞益矣 友便辟 友善柔 友便佞損矣.

공자께서 말씀하셨다. 유익한 벗이 셋이 있고 해로운 벗이 셋이 있다. 정직한 사람을 벗하고, 신의가 있는 사람을 벗하고, 견문이 넓은 사람을 벗하면 유익하다. 위선적인 사람을 벗하고, 아첨 잘하는 사람을 벗하고, 말만 잘하는 사람을 벗하면 해롭다.

_「계씨」편 16-4

* 諒: 자신을 견고하게 지키며 흔들리지 않는 것이다(『논어고의』 해석)

인간관계, 특히 친구나 가까운 관계에서 사람을 평가하는 기준으로 이것보다 더 좋은 것은 없다. 사람 사귈 때 조심하지 않으면 그 사람으로 인해 입는 피해는 말로 표현 못 한다. 어떤 때는 인생 자체가 흔들릴 수도 있다. 가까운 사람일수록 자세히 살펴보라. 가까울수록 아프다. 다시 확인할 것은 정직, 신의, 넓은 견문이다. 이유는 이 반대를 생각하면 간단하다. 위선, 아첨, 말만 잘하는 것에 속기 쉬운 것이다. 그만큼 위장을 하고 다가오기 때문이다. 특히 위선은 거짓말보다 더 나쁘다. 가장 위험한 사람이다. 영어에 유다의 키스(Juda's Kiss)라는 표현이 있다. 예수님을 로마 군병에게 팔아넘길 때 예수님이라는 것을 알리는 표식으로 유다가 예수님께 키스를 했다. 너를 죽음의 십자가로 보내는 방법도 언제나 달콤하고 존경을 표하는 키스일 수 있다.

孔子曰 益者三樂損者三樂 樂節禮樂 樂道人之善 樂多賢友益矣
樂驕樂 樂佚遊 樂宴樂損矣.

공자께서 말씀하셨다. 좋아하면 유익한 것이 세 가지가 있고 좋아하면 해로운 것 세 가지가 있다. 예악으로 절제하기를 좋아하고, 남의

좋은 점 말하기를 좋아하고, 현명한 벗을 많이 사귀기를 좋아하면
유익하다. 교만하게 즐기기를 좋아하고, 방탕하게 노는 데 빠지기를
좋아하고, 주색에 싸여 음란하게 놀기를 좋아하면 해롭다.

_「계씨」편 16-05

사람이 아니라 정신적 벗으로 삼아야 할 것들, 인생의 태도, 습관으로 삼아야 할 벗들이다. '못 먹어도 고!'를 외치면 한 방에 간다. 언제나 예의, 절제, 절도를 지키면 실수하지 않는다. 다른 사람의 단점 말하기 좋아하는 사람은 가까이하지 마라. 다른 자리에 가서 너의 욕을 하는 사람이기 때문이 아니라 그 사람의 내면은 빈곤하고 황폐하기 때문이다. 사람에게 등급을 매긴다면 최하다. 이런 사람은 항상 비웃기를 좋아한다. 비웃는 사람의 내면은 공허하다. 지옥에 이미 살고 있는 사람은 잘 비웃는다.

친구나 가까운 사람과 교분을 나눌 때 충고할 일이 생긴다. 친구를 아끼는 마음에 고민하며 겨우 충고했는데 이후 관계가 소원해질 수도 있다. 가까운 사람에게 충고나 조언을 할 때 유념해야 할 기준이 있다. 공자의 지혜가 두고두고 울림이 있는 말씀이다.

子貢問友 子曰, "忠告而善道之 不可則止 無自辱焉."
자공이 벗에 대해 묻자 공자께서 말씀하시길, "진실 된 마음으로 말해주고 잘 이끌되, 그래도 안 되면 그만두어야지 스스로 욕을 보지는 마라."

_「안연」편 12-23

사우 관계를 위해서 필요한 공자의 가르침이다. 다른 사람을 관찰할 때도 그렇지만 자신을 객관화해서 볼 때도 똑같은 원리다. 이런 공자의 가르침을 따르는 후세의 사람들이 자신들의 모임 이름을 지을 때 '사우회(師友會)'라고 짓곤 했다. 일본에도 유명한 사우회가 있는데, 우리나라와도 깊은 인연이 있는 모임이다.

우리나라에 퇴계 이황과 율곡 이이가 있다면 일본에는 '이토 진사이'와 '삿토 잇사이'가 있다. 삿토 잇사이의 『언지록』은 지금까지 일본 지식인의 필독서다. 삿토 잇사이의 제자들이 일본 역사의 전환점이 되는 메이지 유신의 주역들이다. 메이지 유신 이후 '사우회'라는 이름으로 일본의 정·재계 인사들이 모여 함께 동양고전을 공부한다. 이들이 일본을 움직이는 데 큰 영향력을 행사한다. 우리나라가 포항제철을 설립할 때도 이 사우회에서 알게 모르게 많은 도움을 주었다.

# 기도(祈禱)
## 돼지 먹이? 내 목숨이냐?

———— ◆◆◆ ————

인생의 길을 가다 보면 지금까지 내가 알고 있었던 지식의 범위 밖에 있는 일들을 만나게 된다. 아무리 생각해봐도 내 능력 바깥에 있는 일을 마주쳤을 때 우리는 하늘을 올려다보고 무릎을 꿇는다. 공자께서도 그런 일들이 있었다. 「술이」편을 보자.

> 子疾病 子路請禱 子曰 "有諸?" 子路對曰 "有之." 誄曰 "禱爾于上下神祇子曰丘之禱久矣."
>
> 공자께서 병이 심해지자 자로가 기도드릴 것을 청하였다. 공자께서 "그런 선례가 있느냐?" 물으셨다. 자로가 대답했다. "있습니다. 뇌문에 '너를 위하여 신께 기도하노라'라고 하였습니다." 공자께서 말씀하셨다. "그런 기도라면 나도 기도한 지 오래되었다"
>
> _「술이」편 7-34

질(疾)은 가벼운 병이고, 병(病)은 죽을 병과 같은 중병이다. 공자께서 '질'이 '병'이 되자 자로가 와서 기도하자고 청하는 장면이다. 아마도 심각한 상태였던 듯하다. 뇌(誄)는 살아있는 사람의 공덕을 말하며 하늘에 복을 구하는 것이다. 上下는 천지(天地)를 말하고 신(神)은 하늘의 신, 기(祇)는 땅의 신이다.

"그런 기도라면 나는 기도한 지 오래되었다"는 공자의 대답은 지금까지 살아오면서 자신이 할 수 있는 도(道)를 다했는데, 병이 깊어진 다음에 따로 기도할 필요가 있겠는가, 하는 뜻이다. 군이 기도의 형식을 빌려 복을 구할 필요는 없다는 뜻이다.

공자는 살아오면서 환란 앞에서 언제나 의연한 모습을 보여주셨다. 한번은 송나라에 들어갔을 때 사마 벼슬하는 환퇴가 죽이려 하기에 사람들이 도망 길을 재촉하자 이렇게 말씀하셨다.

子曰. "天生德於予 桓魋其如何"
공자께서 말씀하셨다. "하늘이 나에게 덕을 부여하셨는데, 환퇴가
나를 어찌할 수 있겠는가?"
_「술이」편 7-22

『성경』「시편」56편 11절이 떠오르는 이야기다.

"내가 하나님을 의지하였은즉 두려워하지 아니하리니 사람이 내게
어찌하리이까"
_「시편」 56:11

우리가 흔히 하는 기도(祈禱)는 사실 기도가 아니라 간구(懇求)다. 간구는 간절히 구(求)하다는 뜻이다. 간절한 간(懇)은 돼지 시(豕)에 물러날 퇴(退)와 마음 심(心)자를 합한 글자다. 돼지에게 눈앞에 있는 먹을

것을 뒤로 물렀을 때 돼지가 먹이를 먹겠다고 달려드는 마음, 돼지의 먹이를 먹고 싶은 간절한 심정이 '간구'다. 우리가 자신이 마땅히 살아야 할 그리스도인으로서의 삶은 살지 않고 오로지 자신의 이기적인 욕망만을 구한다면 그것은 기도가 아니라 간구에 불과하다.

그렇다면 기도란 무엇인지 글자를 풀어(解字)보자. 祈禱, 보일 시(示)라고 하지만 원래 뜻은 다리가 세 개인 제단 위의 희생 제물을 형상화한 글자다. 제단 위의 제물을 받는 대상은 신(神)이기 때문에 신과 연관된 단어에 주로 쓰인다. 祈와 禱 모두에 示가 사용되었다.

빌 기(祈) 자는 示와 斤(도끼 근)이 합쳐서 이룬 글자이다. 설문해자에는 示와 斤 사이에 羊(양)이 남아있다. 그렇다면 祈라는 글자 뜻은 '희생 제물로 양을 잡아 제단 위에 올려놓고 빈다'가 된다. 빌 도(禱) 자는 示와 壽(목숨 수)가 합쳐진 글자. '희생의 제물로 내 목숨을 올려놓고 기원한다'는 뜻이다.


자! 그렇다면 기도가 무슨 뜻인지 알겠는가? "하나님! 내 목숨이라도 희생의 제물로 내놓겠습니다. 무엇을 제게 원하십니까? 말씀만 하소서"라는 뜻이 될 것이다. 기도란 한마디로 "내 목숨이라도 드릴까요?" 또는 "내 목숨을 드리겠습니다"가 될 것이다.

이렇게 설명을 듣고 보니 지금까지 우리가 한 기도는 기도가 아니라 간구였다는 것을 알게 된다. 한번은 목사이자 교수인 한 사람이 기도(祈禱)를 설명하는데 그 얘기를 듣고 뒤로 쓰러질 뻔했다. 그 양반 왈 "기도란 도끼 들고 신 앞에 가서 나 목숨 걸었으니 내가 원하는 것을 내놓으시오. 나 목숨 걸었소" 하는 거란다. 신 앞에서도 기죽지 않고 당당하게 깡을 부리는 것이 기도의 뜻이라고 하는데… 공부도 많이 한 양반이던데 왜 그러는지 모르겠다. 지식인이라고 불리는 사람들이 진짜 왜 그러는지….

'학' 하면서 '화(化)'하고 나면 간구가 아니라 기도하는 사람이 된다. 자신의 이익을 위해 죽음을 불사하는 인간이 아니라 하늘의 뜻을 이루기 위해, 주어진 사명을 위해 죽음도 불사할 수 있는 사람이 되는 것이다.

기도하라! 간구가 아니라. 기도는 "하나님! 저에게 무엇을 원하시나이까? 제 목숨이라도 드리지요"라는 뜻이다.

기도와 관련하여 성스러울 성(聖) 자를 해자(解字)해보자. 聖의 갑골문을 보면 귀가 큰 사람 모양이다. 머리가 없고 머리를 대신해서 귀만 있는 사람 모양이다. 또 다른 갑골문 모양은 귀가 큰 사람 앞에 축문 그릇이 있는 형태 두 가지가 있다. 聖 자 아래에 있는 壬 자는 나중에 첨가된 것이다. 그래서 聖이라는 뜻은 '신에게 기원하는 기도문을 넣어둔 축문 그릇 앞에 있는 귀가 큰 사람'이다. 간구하려고 했다면 입이 큰 사람을 형상화했겠지만 머리가 있어야 할 자리에 귀만 있다. 당연히 듣겠다는 뜻이다. 그것도 온 힘을 다해 신의 소리를 듣겠다는 뜻이다. 즉, 성스럽다는 성(聖)의 뜻은 '신의 목소리를 들을 수 있는 귀 밝은 사람'이다.

우리의 할 일은 하나님께서 우리에게 말씀하실 때 귀를 활짝 열어 듣는 것이다. 그것이 거룩(聖)이다. 聖은 '하늘의 소리를 잘 듣는 사람'이라는 뜻이다. 오늘부터는 입을 다물고 하나님의 음성을 듣는 거룩을 실천해보라. 간구는 이제 좀 줄이고, 이미 주신 것에 감사를 더 많이 해보라. 그리고 기도는 위험하니 일생에 한 번만 하는 것이다. 아무리 당당하고 깡이 있어도 신을 협박하는 것은 기도가 아니니 그런 짓은 하지 마라. 죽을 짓이다.

# 지기자(知己者),
# 나를 알아주는 이에게 목숨을!

———— ◆◆◆ ————

그 사람의 매력과 가치를 알아주는 사람이 지기자(知己者)다. 사람의 가치를 알아보는 것이 『논어』에서 중요하다. 가는 곳마다 공자께서는 자신을 알아봐 주기를 원했으나 어떤 군주도 공자를 등용하지 않았다. 그래서 흔히 공자를 일컬어 '불우한 성인'이라고 한다. 불우(不遇). "만나지 못하다"는 뜻이다. 공자를 알아봐 주는 군주를 만나지 못한 불우한 사람. 불우 이웃돕기의 '불우'도 같은 글자를 사용하지만 그 뜻은 '처지나 형편이 딱한'이라는 뜻이다. 『논어』의 첫 문장에 나오는 대강령, 그 문장의 마지막 부분이 바로 불우에 대한 내용이다.

> 人不知而不慍, 不亦君子乎
> 남이 나를 알아주지 않아도 성내지 않으니, 또한 군자가 아니겠는가
> _「학이」편 1-1

慍(성낼 온) 자는 갑골문에는 보이지 않고 금문에서부터 보이는 글자다. 왼쪽에 마음 심(忄, 心)변도 처음에는 없었다. 가둘 수(囚)+그릇 명(皿)만 있는 글자였다. 사방이 막힌 곳에 사람이 갇혀있는데 그릇에 먹을 것과 마실 것을 가져다준다는 뜻이다. 후세에 갇혀있는 심정을 나

타내기 위해서 마음 심(忄, 心)변을 붙여서 의미를 보충했다. 물 수(氵, 水)변을 붙여서 갇힌 사람에게 마실 물을 가져다주는 따뜻함의 의미로 '따뜻할 온(溫)'이 되었다. 온(慍)은 감옥에 갇힌 사람의 답답한 심정, 노여움과 억울한 심정을 나타낸다. 그래서 여기서 '성내다'는 뜻은 원망과 답답함이 스며있는 성냄이다. 다른 사람이 나를 알아봐 주지 않는다고 원망하거나 답답한 심정으로 성내지 않는 것이 군자(君子)다.

이에 관련한 '이토 진사이'의 『논어고의』 해석이 아주 훌륭하다.

> "군자는 덕을 완성한 사람이다. 자신에게 덕이 갖춰지면 부귀와 작록, 중상모략, 이해득실 그 어떤 것에도 마음이 움직이지 않는다. 그러므로 남들이 알아주지 않고 천시하더라도 털끝만큼도 화내지 않는다. 배움의 지극한 경지다. 도가 크면 클수록 알아보는 이가 적다. 이것이 군자가 성내지 않는 이유다."

지기자가 무엇인지에 적합한 이야기가 여럿 있지만 『사기열전(史記列傳)』의 「자객열전(刺客列傳)」편에 나오는 예양열전(豫讓列傳)이 가장 적합하지 않을까 한다.

'예양'은 진(晉)나라 출신이다. 일찍이 '범씨'와 '중항씨'를 섬겼으나 이름이 알려지지 않았다. 예양이 이내 이들을 떠나 '지백'을 섬겼다. 지백은 그를 매우 존중하고 총애했다. 지백이 조양자를 공격하자 조양자는 한씨, 위씨와 힘을 합쳐 지백을 멸했다. 이어서 지백의 자손까지 모두 제거하고 그 땅을 삼분해 나누어 가졌다. 조양자는 지백을 얼마나 원망했는지 지백의 두개골에 옻칠을 해서 자기 오줌통으로 사용했다. 예양이 산속으로 달아나며 탄식했다. "아! **선비는 자신을 알아주는 사람을 위해 죽고, 여인은 자신을 사랑하는 사람을 위해 용모를 아름답게 단장한다**고 했다(士爲知己者死 女爲說己者容). 이제 지백이 나를 알아주었으니 내가 기필코 원수를 갚고 죽겠다. 이같이 해서 지백에게 보답하면 내 혼백이 부끄럽지 않을 것이다."

마침내 이름을 바꾸고 죄수로 변장한 뒤 조양자의 궁으로 들어가 뒷간의 벽을 발랐다. 몸에 비수를 품고 기회를 보아 조양자를 척살하고자 한 것이다. 하루는 조양자가 뒷간에 갔다가 자신도 모르게 가슴이 두근거렸다. 뒷간의 벽을 바르는 죄수를 잡아다 심문해보니 예양이었다. 그의 품속에 비수가 숨어있었다. 그곳에 있는 사람들이 그를 죽이려 하자 조양자가 만류했다. "그는 의인이다. 내가 조심해 피하면 그만이다. 지백이 죽고 후사조차 없는 상황에서 그 가신이 주군을 위해 원수를 갚겠다고 하니, 이 자야말로 천하의 현인이다." 그러고는 그를 풀어주었다.

얼마 후 예양은 다시 몸에 옻칠을 해 문둥이로 꾸미고, 숯을 삼켜 목을 쉬게 만들었다. 자신의 모습을 아무도 못 알아보게 만든 뒤 거리에 나가 구걸을 했다. 그의 아내조차도 그를 알아보지 못했다. 친구를 찾아가 만나보니 그는 예양을 알아보았다. 친구가 울면서 말했다. "자네의 재능으로 예물을 바치고 충성을 서약하는 위질의 예를 한 뒤 조양자를 섬기면 조양자는 반드시 자네를 가까이하고 총애할 것이네. 그가 자네를 가까이하고 사랑하게 만든 뒤 비로소 자네가 하고 싶은 일을 하면 오히려 쉽지 않겠는가? 자기 몸을 해치고 모습을 추하게 만들어 조양자에게 설욕을 하고자 하니 이 어찌 어렵지 않겠는가!" 예양이 말했다.

"이미 위질을 해서 남의 신하가 되어 섬기면서 그를 죽이려 들면 이는 두 마음을 품고 주인을 섬기는 것이 되네."

얼마 후 조양자가 외출할 때 예양이 조양자가 다니는 다리 밑에 숨어 있었다. 조양자가 다리에 이르자 말이 돌연 놀랐다. 조양자가 말했다. "이는 필시 예양일 것이다." 사람을 시켜 찾도록 하자 과연 예양이었다. 조양자가 꾸짖었다. "그대는 일찍이 범씨와 중항씨를 섬기지 않았는가? 지백이 이들을 모두 멸망시켰다. 그런데도 그대는 범씨와 중항씨를 위해 원수를 갚기는커녕 오히려 위질을 한 뒤 지백의 신하가 되었다. 이제는 지백도 죽었다. 그대는 어찌해서 유독 그를 위한 복수를 이토록 끈질기게 시도하는 것인가?" 예양이 대답했다. "신이 범씨와 중항씨를 섬길 때 그들은 저를 보통 사람으로 대우했습니다. 그래서 저 또한 보통사람으로 보답했을 뿐입니다. 그러나 지백은 저를 국사(國士)로 대우했습니다. 그래서 저도 국사(國士)로서 보답을 하려는 것입니다(臣事范, 中行氏, 范, 中行氏皆衆人遇我, 我故衆人報之, 至於智伯, 國士遇我, 我故國士報之)."

조양자는 길게 탄식을 한 뒤 울면서 말했다. "아! 예자(豫子)여! 그대가 지백을 위해 충절을 다했다는 명성은 이미 이루어졌다. 과인이 그대를 용서한 것도 이미 충분했다. 그대는 응당 각오해야만 한다. 과인은 그대를 다시 놓아줄 수 없다." 그리고 병사에게 명해 그를 포위케 했다. 예양이 말했다. "신이 듣건대 '현명한 군주는 남의 명성을 덮어 가리지 않고, 충신은 명예를 위해 죽는 의리가 있다'라고 합니다. 전에 군주가 이미 신을 관대히 용서해 천하에 그 현덕을 칭송치 않는 자가 없습니다. 오늘 일을 말하면 신은 죽어야 마땅합니다. 원컨대 군주의 옷을 얻은 뒤 이를 칼로 쳐 원수를 갚으려는 뜻을 이루게 해주십시오. 그러면 죽어서 편히 지백을 만날 수 있을 것입니다. 신이 감히 바랄 수 없는 일이지만 다만 신의 심중을 털어놓았을 뿐입니다."

조양자는 예양의 의기를 크게 칭송하고, 사람을 시켜 자기 옷을 예양에게 주게 했다. 예양이 칼을 뽑아들고 세 번을 뛰어 그 옷을 내리치면서 말했다. "내가 비로소 지하의 지백에게 보답할 수 있게 되었다." 그러고는 이내 칼에 엎어져 자결했다. 그가 죽던 날, 조나라의 지사(志士)들은 이 소식을 듣고 모두 그를 위해 눈물을 흘렸다.

나를 알아주는 이를 위해 목숨 바쳐 은혜를 갚고 충성을 다하는 것이 남자(士)다. 공자는 이것을 넘어서는 경지에 이르렀다. 『논어』에는 사람 알아보는 것에 대해 많은 글이 남아있다.

> 不患人之不己知, 患不知人也.
> 다른 사람들이 나를 알아주지 않는 것을 염려하지 말고, 내가 다른 사람을 알아보지 못할까 봐 염려하라.
> _「학이」편 1-16

> 子曰. "不患無位 患所以立 不患莫己知 求爲可知也."
> 공자께서 말씀하셨다. "지위가 없다고 걱정하지 말고, 그 지위에 설 수 있는 능력이 있는지 걱정해라. 남이 자기를 알아주지 않는다고 걱정하지 말고, 남에게 알려질 수 있는 실질을 구하라."
> _「리인」편 4-14

子曰. "不患人之不己知 患其不能也."

공자께서 말씀하셨다. "남이 나를 알아주지 않는 것을 걱정하지 말고 자신의 능력 없음을 걱정해라."

_「헌문」편 14-32


子曰. "莫我知也夫." 子貢曰. "何爲其莫知子也." 子曰. "不怨天不尤人." "下學而上達 知我者其天乎."

공자께서 말씀하셨다. "나를 알아주는 사람이 없구나." 자공이 말하였다. "어찌 선생님을 몰라주겠습니까?" 공자께서 말씀하셨다. "하늘을 원망하지 않고 다른 사람 탓하지 않으며, 아래로 사람의 일을 배워서 위로 심오한 이치에 도달했으니, 나를 알아주는 이는 저 하늘이로다."

_「헌문」편 14-37


공자의 인생을 한마디로 표현하면 '불우(不遇)'다. '만나지 못했다'는 뜻이다. 공자를 알아주고, 등용해주는 이를 만나지 못했다는 의미다. 천하주유를 했지만 가는 나라마다 공자를 등용해주지 않았다. 답답한 심정으로 악기 경을 연주했다. 그때 망태를 메고 지나가던 사람이 이렇게 말했다.

"깊은 생각에 빠졌구나, 경을 연주하는 이여! 깨앵깽깽, 세상에 자신을 알아주는 이가 없으면 그것으로 그만인 것이지!"

아마도 황로학(黃老學)의 은자(隱者)가 내리는 공자에 대한 평가다. 현실정치 세계에 들어가 자신의 사상을 실현하려다 실망한 공자를 향해서 노장사상은 이렇게도 평가할 수 있는 것이다.

'세상을 근심하는 자(憂世者)'와 '세상을 잊은 자(忘世者)'의 차이다. 어느 것이 맞는지는 알 수가 없다. 하지만 도(道)가 반드시 세상에 수용되는 것은 아니다.

> 學在己, 知不知在人.
> 배우는 것은 나에게 달려있지만, 알아주고 알아주지 않는 것은 다른
> 사람에게 달려있다.

자기 판매 시대, 자기 PR 시대에 세상에 나를 알리려고 몸부림을 치고, 나를 알아주지 않는다고 세상을 원망하기 쉬우나 발악할 것 없다. 인물은 딱 그만큼 알아보게 되어있다. 그 사람 인물 됨의 크기만큼 나를 알아볼 것이니 염려치 마라.

우리 자신이 준비되기만 하면 하늘도 나를 부르고, 세상은 자기 발로 천 리 밖에서도 찾아올 것이다. 부름을 받을 수 있는 사람, 천 리 밖에서도 향기를 맡을 수 있는 향기 나는 사람이 되면 된다. 그러고 나서도 찾아오는 이 없고 불러주는 이가 없다면 그것으로 그만인 것이다. 누구를 탓할 일이 아니다. 하루하루 살아가면 되는 것이다.

# 인(仁),
# 서로 두 손을 모으고 머리를 숙임

---◆◆◆---

## 仁은 學과 覺의 결과

仁은 사람 인(人)과 두 이(二)가 합쳐진 글자다. 그중 인의 모양은 원래 고개를 숙이고 두 손을 모은 형상이다. 두 사람이 서로 의지하는 모양(人)은 나중에 나온 형태다.

『논어』에는 '인'에 대한 정의가 다양하다. 인에 대해 묻는 사람마다 공자께서 달리 말씀하셨기 때문이다. 그래서 어떤 경우에는 서로 대치되는 뜻이 있기도 하다. 왜 그랬을까? 묻는 사람의 '삶의 자리'가 다르고 묻는 사람의 '아는 정도'가 달랐기 때문이다. 듣는 자의 현재 상태에 따라 그때그때 답했기에 인의 모습이 달리 보이는 것이다. 하지만 그에게 가장 알맞은 방향으로 대답하신 것이다. 심지어 말이 많고, 성질이 조급하고, 말대꾸가 심한 제자 사마경(자우)이 인에 대해서 묻자 "인은 말을 적게 하는 것이다"라고도 하셨다. 그에게는 그것이 인이었다. 공자께서는 인의 개념을 들려줄 때 인을 묻는 제자의 소양과 성격, 수준에 맞추어서 다양하게 대답해주신 것이다.

# 仁의 여러 정의

君子務本 本立而道生 孝弟也者 其爲仁之本與.

군자는 근본에 힘쓰는 것이니, 근본이 확립되면 따라야 할 올바른
도리가 생겨난다. 효와 공경은 바로 인을 실천하는 근본이다.

_「학이」편 1-2

　효제(孝弟)라고 하면 부모에게 효도하고 윗사람을 공경하는 정도로
이해를 하지만 그 의미는 그것보다 훨씬 크다. 孝弟는 개인성이 아니라
두 사람 이상의 관계성이다.

　孝는 老의 상부 耂 와 子로 구성된 글자다. 얼핏 보면 늙은 부모님을
아들이 아래에서 잘 모시는 것 정도로 해석하기가 쉽다. 老의 상부 耂
는 원래 아버지가 아니라 마을의 장로, 마을의 존경받는 어른, 제사장이
다. 육친의 아버지 한 사람을 뜻하는 글자가 아니다. 孝라는 글자가 금
문에서부터 보이는데 耂의 형상은 父가 아니라 마을의 장로나 제사장
을 의미하는 형상이다. 아래의 子도 양손을 다 올리고 있는 모양을 취
하고 있으니 평범한 사람을 뜻한다. 한 손은 올리고 다른 손은 아래를
향하고 있다면 왕족이나 귀족이다. 따라서 孝라는 것은 애초 뜻이 '일반
적인 사람들이 마을의 지혜로운 노인을 공경하는 것'으로 이해할 수 있
다. 육친 부모에 대한 효(孝) 개념은 나중에 생긴 것이다. 독일에는 노
인을 마을의 도서관이라 하고, 목사의 서재는 마을의 서재라는 말이 있
었다. 이처럼 한 공동체의 전해져 내려오는 지혜와 전통에 대한 존경이
孝다.

아우 제(弟)는 형제간의 서열을 말하는 글자인데, 주(周)나라에서는 백중숙계(伯仲叔季)로 표현했다. 弟는 弔와 비슷해서 갑골문에서 보이는 형태로 헷갈리기 쉽다. 어떤 한자 사전을 보니 弟를 弔로 해석해놓은 것을 볼 수 있었다. 弟도 형제간 서열을 나타내는 것이라면 순서가 강조되었을 텐데 갑골 형상은 얽혀 있는 관계가 더 돋보이는 글자다. 공자는 여기서 인의 근본을 孝弟, 즉 관계성으로 보신 듯하다.

아랫글에서 나타난 표현도 공동체, 마을의 개념을 빌려 관계성을 말하고 있다. 산속에 들어가 홀로 살아가는 것이 아니라 마을 공동체 속에서 사람과 사람이 함께 살아가면서 질서와 화목을 유지하는 것이 仁한 마을이라면 그 또한 관계성에 바탕을 둔 생각이다.

> 子曰. 里仁爲美 擇不處仁 焉得知
> 공자께서 말씀하셨다. 마을 풍속이 仁 하다는 것은 아름다운 것이다. 仁 한 마을을 잘 골라서 거처하지 않는다면 어찌 지혜롭다 하겠는가?
> _「리인」편 4-1

## 仁은 관계성이다

仁은 개인 차원에서 한 사람의 인격 완성을 목적으로 하는 것이 아니다. 글자가 처음 생길 때 그 글자가 나타내는 뜻으로 보자면, 두 손을 공손하게 가지런히 모으고 고개를 약간 숙이고 있는 두 사람의 관계, 즉 사람이 사람을 대할 때 사람으로 대하는 것을 의미하는 것이다.

관계에 있어서 머리를 숙이고 손을 모으는 마음가짐 겸(謙)이 없다면 그 관계는 곧 끝난다. '당신이 나보다 더 낫다'는 마음이 없다는 것은 '내가 너보다 더 낫다'는 마음이 있다는 것인데, 스스로 높아진 마음으로는 관계를 만들 수도 없고 유지할 수도 없다. 또한 사람이 다른 사람을 대할 때 존귀한 생명으로 여겨야만 만남과 관계라는 것이 가능해진다. 존귀한 생명을 어떤 하나의 사물처럼 취급하면 관계는 성립되지 않는다. 그래서 仁은 생명 존중 정신으로, 생명을 사물로 대하지 않는다. '오직 물질뿐'이라는 유물론(唯物論)과도 거리가 멀다. 유물론은 '너'를 '것'으로 보기 때문이다.

## 仁이 드러나는 순간들
### - 일상적 시간, 위급한 순간, 위태로운 순간

> 君子去仁 惡乎成名 君子無終食之間違仁 造次必於是 顚沛必於是.
>
> 군자가 인을 버리고 어찌 군자로서의 명성을 이루겠는가? 군자는 밥 먹는 순간에도 인을 어기지 말아야 하고, 아무리 급한 때라도 반드시 인에 근거해야 하고, 위태로운 순간일지라도 반드시 인에 근거해야 한다.
>
> _「리인」편 4-5

그 사람의 사람됨은 평소에는 잘 드러나지 않다가 결정적인 순간이 되면 드러난다. 즉, 큰 이익이 달린 일이나, 목숨이 경각에 달린 일을 마주하면 그 사람됨은 곧 드러난다. 옛날 큰 상인들은 믿을 만한 사람인지를 미리 알아보기 위해 앞으로 키울 사람을 일부러 이익과 목숨으로 시험해본다고 했다. 큰 거래를 앞두고는 상대방과 작은 거래를 여러 차례 해보기도 하고. 이 모두가 사람됨을 드러내는 순간이다. 결정적인 순간은 조차(造次)와 전패(顚沛)의 순간이다. '조차'는 급하고 갑작스러운 순간이고, '전패'는 넘어지고 쓰러지는 순간이다. 그 순간에도 그 사람의 행동 결정 근거가 仁이라면 믿어도 좋다. 존경하고 모셔도 좋다.

급하고, 갑작스럽고, 넘어지고, 쓰러지는 순간에 仁을 붙잡는 것은 당장에는 손해로 보일 수 있다. 하지만 인생을 길게 보면 그것은 이익을 위한 약간의 투자일 뿐이다. 결국 仁을 붙잡는 것이 큰 이익이다. 그것이 다가오기 전까지는 감수하고 견디면 된다. 그것이 소망이다. 조차와 전패의 순간에 仁 할 수 있는 사람은 가장 평범하고 일상적으로 반복되는 밥 먹는 순간에도 仁이 그를 덮고 있다.

악은 이해관계와 감정에서 출발한다. 다른 곳이 아니라 그곳이 출발점이다. 작은 이해관계, 훈련되지 못한 감정의 작은 흔들림에서 악이 아주 미세하게 시작되니 늘 반복되는 평범한 생활을 조심해야 한다. 원죄는 뱀의 강력한 폭력과 명령으로 이루어진 것이 아니라 아주 작은 질문 하나에서 시작되었다.

> "뱀이 여자에게 물어 이르되 하나님이 참으로 너희에게 동산 모든
> 나무의 열매를 먹지 말라 하시더냐?"
> _「창세기」 3:1

이것이 시작이자 끝이었다.

## 仁과 서(恕)

夫仁者己欲立而立人 己欲達而達人 能近取譬 可謂仁之方也己.

인이라는 것은 자신이 서고자 하면 남을 세워주고, 자신이 뜻을 이
루고 싶으면 남의 뜻도 이루게 해준다. 자신이 원하는 것을 미루어
서 남이 원하는 것을 이해하는 것이 바로 인의 실천 방법이다.

_「옹야」편 6-28

같을 여(如)와 마음 심(心)을 합해놓은 서(恕), 그것이 仁의 마음이다.
如는 갑골문에도 보이는 글자다. 女+口로 이루어진 글자인데, 하늘
에 기원하는 축문 그릇 앞에 무릎을 꿇고 있는 여자 형상이다. 왜 여자
인지는 당시 巫 계급의 여성이었기 때문일 것이다. 진시황제 시기의 전
서(篆書)에도 형태 변화 없이 그대로 쓰인 것은 놀랍다. 거의 1,500년을
그대로 쓰인 글자이고 진시황제 이후 2,000년 동안 해서체로 바뀌었을
뿐 형태 변화는 없었다. 3,500년 전의 글자를 보는 것이다. 巫 계급의
여성이 하늘의 뜻을 받아들여 하나로 일치되었다는 의미다. 하늘의 마
음이나 巫의 마음이나 똑같이 하나가 되었다는 뜻이다.

恕(如+心)는 다른 사람을 나와 같이 생각하는 황금률이다. 성경에 나
오는 황금률과 같다. "네가 대접받고 싶은 대로 남을 대접하라." 사람
마음 똑같다. 공자의 仁의 실천 방법이다.

오늘날 세상은 '너 자신이 주인공이다'라고 가르친다. 그것이 무슨 뜻인지도 모르고 우리는 인생의 주인공, 사회의 주인공, 직장의 주인공, 학교의 주인공, 온통 주인공만 되려고 한다. 너도나도 모두 주인공이 되려고 하니 경쟁은 피할 수 없는 것이 되고 그 경쟁에서의 승리는 어떤 수단을 써서라도 이루어내야만 하는 것이 되었다. 꼭 그런가?

인생의 신비는 주인공을 돋보이게 하는 충실한 조연이 주인공이 되고, 자신이 중심인물이라며 오로지 자신만 돋보여야 한다는 사람이 되려 조연이 된다는 것이다. 조연은 다른 사람을 먼저 생각하지, 나부터 먼저 생각하지 않는다. 진정 그 사람이 주인공이며 현실에서도 그런 사람이 주인공이 된다. 그가 군자이고 선비이며 仁한 사람이다. 恕는 조연(엑스트라) 정신이다.


주연일 때는 주연의 역할을, 조연일 때는 조연의 역할을 잘하면 된다. 주연이 되어서 자신을 돌아보니 역할을 감당할 능력이 갖추어져 있지 않다면? 세상 모든 사람이 그를 조연으로 생각하는데 자신만 주제 파악이 안 되어서 주연 자리 욕심을 낸다면? 비극이다. 주연일 때 책임을 피하고 싶어서 조연 역할을 하려 하거나, 무능력해서 주연이 조연이 되거나, 조연일 때 능력과 주제도 모르고 주연의 자리만 얻으려 한다면 스스로 망가지고, 결국은 파멸이다. 인생의 무대에서 주연이 되는 날 仁한 사람이 되는 것이 중요하고, 아직 조연을 맡아야 하는 준비단계라면 恕로 자신을 다듬는 것이 중요하다.

# 예, 복, 화(禮, 福, 禍)
# 차고 넘치도록? 아니면 뼈다귀만?

◆◆◆

　仁을 삶 속에서 실천하는 방법이 禮이다. 기원전 6세기, 공자 시대만 하더라도 禮의 뜻이 많이 달라졌다. 제사 지낼 때 순서, 방식, 음식 배치, 절하는 횟수와 순서… 이런 것으로 점점 변해갔는데 원래 뜻은 '하늘이 베풀어주신 것들에 감사의 응답으로 굽이 높은 제기에 음식을 풍성하게 담아 드리는 감사의 제사'를 의미했다. 고문(古文)에는 하늘을 향하여 사람들이 나란히 숙이고 있는 형상으로 쓰였다. 갑골문에는 신적 대상을 의미하는 앞부분 示가 없고, 굽이 높은 제기에 풍성하게 음식이 담긴 모양이다. 그때는 示가 없어도 당연히 제사 받는 대상이 하늘의 신적 대상이라는 것은 누구나 아는 사실이었으니까. 금문에 이르러서는 그냥 풍년 풍(豊) 자 모양이다.

　禮와 관련된 글자 중에 복(福) 자와 화(禍) 자도 알아보자. 禮는 신에게 풍성한 것을 드리는 것이며, 福은 示(신)에 찰 복을 더하여 주전자 모양 항아리에 가득 찬 모양의 글자다. 一(하늘), 口(사람), 田(밭)은 나중에 형태가 변한 것이다. 갑골문에 원래 쓰이던 의미로 '복(福)'이란 하늘의 신이 차고 넘치도록 부어주는 것이다. 그에 대한 응답으로 사람이 감사의 제사를 풍성하게 돌려드리는 것이 '禮'이다.

禍는 示(신)과 뼈 골(骨, 앙상한 것, 흉부 갈비뼈가 앙상한 모양)을 합친 글자다. 즉, '화(禍)'는 신께서 사람에게 내려주신 것이 없어서, 사람이 먹지 못해 갈빗대가 앙상하게 되었다는 뜻이다.

주시는 이가 하늘의 신이고, 받는 이는 사람이지만 방향이 반대일 경우에는 '복'과 '화'의 의미는 통한다. 감사하는 마음이 풍성해서 신께 풍성하게 드리는 것이 '복'이고, 마음이 가난하고 인색하여 신께 앙상하게 드린다면 그 자체가 이미 '화'다. 방향은 '신과 인간' 양방향 모두 같은 의미를 만든다.

그렇다면 仁에 이르는 길은 멀고 먼 길인가? 공자에게서 배운 제자 증자 입장에서, 仁에 도달하는 것은 멀고 먼 길로 느껴졌을 것이다. 다음은 증자의 고백이다.

> 曾子曰, 士不可以不弘毅 任重而道遠
> 仁以爲己任 不亦重乎 死而後已不亦遠乎.
> 증자 왈, 사(士)는 뜻이 크고 강인하지 않으면 안 된다. 책임이 무겁고 갈 길이 멀기 때문이다.
> 인을 자신의 임무로 삼았으니 무겁지 않은가. 죽은 뒤에나 그만두는 것이니 또한 갈 길이 멀지 않은가?
> _「태백」편 8-7

이에 대한 공자의 대답이라 할 수 있는 글이다.

子曰仁遠乎哉? 我欲仁, 斯仁至矣

인이 멀리 있는가? 내가 인을 실천하고자 하면, 곧 인은 다가온다.

_「술이」편 7-29


그 하고자 하는 분발심(奮發心), 仁의 실천 과정이 '학'이다. 공자의 말씀을 조금 더 보자. 얼마나 깊은 지혜인지! 자신에게 적용해 깊이 생각해보라.


> 子曰, "由也! 女聞六言六蔽矣乎?" 對曰, "未也." "居! 吾語女. 好仁
> 不好學, 其蔽也愚, 好知不好學, 其蔽也蕩, 好信不好學, 其蔽也賊,
> 好直不好學, 其蔽也絞, 好勇不好學, 其蔽也亂, 好剛不好學, 其蔽也
> 狂."
>
> 공자께서 말씀하셨다. "유야, 너는 여섯 가지 말과 여섯 가지 폐단에
> 대해 들어 보았느냐?" 대답하기를, "아직 듣지 못했습니다." "앉거
> 라, 내 너에게 말해주마. 인을 좋아하기만 하고 배우기를 좋아하지
> 않으면 그 폐단은 어리석게 되는 것이다. 지식을 좋아하기만 하고
> 배우기를 좋아하지 않으면 그 폐단은 분수를 모르게 되는 것이다.
> 신의를 좋아하되 배우기를 좋아하지 않으면 그 폐단은 남을 해치게
> 되는 것이다. 곧은 것을 좋아하되 배우기를 좋아하지 않으면 그 폐
> 단은 박절하게 되는 것이다. 용맹을 좋아하되 배우기를 좋아하지 않
> 으면 그 폐단은 난(亂)을 일으키는 것이다. 굳센 것을 좋아하되 배
> 우기를 좋아하지 않으면 그 폐단은 함부로 행동하는 것이다."
>
> _「양화」편 17-8

사람의 운명은 그의 성격에 이미 어느 정도는 깃들어있다. 용맹하고 성질 급한 자로는 자신이 모시는 주군이 난(亂)에 가담하자 그것을 따져 묻다가 일찍 죽는 운명을 맞이했다. 소금에 절여 죽이는 염장(鹽藏)에 처했다. 그 소식을 듣고 공자께서는 이후로 다시는 젓갈류 반찬을 드시지 않았다고 한다. 자공은 공자의 가르침을 온전하게 따르기보다는 타고난 사업 수완을 발휘해 큰돈을 벌었다. 현대 용어로 표현하자면 경제 흐름을 아주 잘 읽었다. 공자께서도 친히 그렇게 표현했으니까. 하지만 두뇌는 아주 좋았음에도 불구하고 학문의 깊이는 안회를 따르지 못했다. 잘못된 것이 아니라 천성이다. 부유한 자공은 후일 가난한 공자의 제자들에게 경제적 도움을 많이 베풀었다. 안회는 자신의 몸을 돌보지 않고 오직 학(學)에만 정진하다 몸이 상해서 41세에 스승보다 2년이나 일찍 죽는다.

그 사람의 타고난 기질과 천성, 그의 성격이 불운한 운명으로 이끌 때 브레이크 역할을 하는 것이 배움(學)을 통한 기질의 변화다. 공자는 제자들을 내면까지 깊이 들여다보셨다. 제자들 하나하나의 독특한 개별성을 잘 알고 계셨다. 그 성격이 어떤 결과를 부를지도 어느 정도 아셨기 때문에 경계의 말씀을 하고 있는 것이다. 배움을 통해서 운명의 방향을 돌리라는 스승의 지혜다.

어려운 책은 읽을 때 힘들다. 어렵다는 것은 내 안에 있는 안일(安逸)이 자극받았다는 것이다. 안일은 현재 상태를 그대로 유지하려는 안락함이다. 어려운 책은 내면의 정신을 깨운다. 어려운 수학 문제를 안고 끙끙대는 시간이 있어야 논리적인 사고력이 함양되는 것과 같은 이치다. 쉬운 책은 읽기에 편하다. 어떤 자극도 없었기 때문이다. 쉬운 책만 읽으면 평범한 인생을 살게 된다. 현재 나의 상태에 최적화되었기 때문에 더 이상 진보나 발전은 없다. 세상은 자기 역량만큼만 살게 된다. 역량을 넓히는 방법은 자극받고 한계를 넓혀나가는 것뿐이다.

仁을 좋아하기만 하고 배우기를 좋아하지 않으면 우유부단해져서 낭만적 착함을 '仁'으로 알게 된다. 그냥 착하기만 한 사람, 어떤 문제해결 능력도 없고 냉철함도 없는 무능력한 이상주의자가 되고 만다. 우리 주변에 그런 착한 사람이 많다. 종교 지도자 중에 특히 많다. 말랑말랑한 사랑만이 사랑인 줄 알고 그저 따뜻하게만 도우려고 하지만 따르고 배우는 자들에게 진정 주어야 할 것은 주지 못하는 사람. 우(愚)의 폐단이다.

공부를 많이 했고, 유명 학교 학위도 있고, 유명 대학교수 직함도 있고, 책도 출판했고, TV에도 자주 나오지만 두 번째 폐단 탕(蕩)의 폐단에 빠진 사람이 많은 시대다. 지식은 계속 늘어나는데 흩어지는 탕이다. 지식을 연마하지 않으니 기준에서 벗어나 그 지식이 오히려 사회를 무너뜨린다. 자신의 지식이 자신을 높이는 줄 알고 그저 한없이 높아지기만 해서 자신에게는 윤리적인 기준, 도덕적 잣대를 적용하지 않는다. 이런 지식인들은 비현실적이고 무모하다. 한 줌 지식으로 온 우주를 재단하는 인물이 탕의 폐단이다. 이런 사람들은 뻔뻔하다. 좋아하기만 하고 학(學)의 과정, 절차탁마(切磋琢磨)의 과정을 거치지 않으니 좋아하는 그것이 자신을 망가뜨릴 것이다.

# 정치(政治),
## 바르게 하기 위해서라면 전쟁이라도

━━━ ◆◆◆ ━━━

## 정치(政治)의 으뜸은? 足食, 足兵, 民信

子貢問政, 子曰 "足食 足兵 民信之矣." 子貢曰 "必不得已而去 於
斯三者何先." 曰 "去兵." 子貢曰 "必不得已而去 於斯二者何先."
曰 "去食. 自古皆有死 民無信不立."

자공이 정치에 대해 여쭙자, 공자께서 말씀하셨다. "식량을 풍족하
게 하는 것, 군비를 넉넉하게 하는 것, 백성들이 믿도록 하는 것이
다." 자공이 말했다. "어쩔 수 없어서 한 가지를 버려야 한다면 어느
것을 먼저 버려야 합니까?" "군대다." 자공이 여쭈었다. "어쩔 수 없
어서 또 한 가지를 버려야 한다면 어느 것을 먼저 버려야 합니까?"
"식량이다. 예로부터 사람은 누구나 죽지만, 백성들의 믿음이 없으
면 나라는 존립하지 못한다."

_『논어』, 「안연」편 12-7

나라의 근본은 영토, 국민, 주권이다. 나라를 유지할 수 있는 힘은 국
방과 경제 그리고 독립 국가를 유지하려는 국민정신이다. 이 세 가지
중 우선순위를 공자께서 분명히 말씀하셨다.

나라가 망할 때 국가 지도부는 이미 알고 있다. 망할 징조를 외부에서 알 정도인데 내부에서 모른다는 것은 있을 수 없는 일이다. 나라가 망할 상황이 되면 지도부는 출구 전략을 생각하기 시작한다. 어떻게 하면 최소한의 대가로 이 사태를 해결할지, 망한 후에는 어떻게 해야 하는지 계획을 세우기 시작한다. 1991년 구소련이 붕괴할 때도 그랬다. 공자께서는 나라를 유지하는 데 필수적인 요소 중에 불가피하게 먼저 포기해야 할 것으로 군대를 말했다. 군대는 나라를 보존하는 데 가장 기본적인 요소다. 그러나 양식과 비교했을 때는 버릴 수 있다. '다음'을 기약할 수 있기 때문이다. 당장 식량이 없으면 백성들이 굶어 죽게 되고, 백성들이 없어지면 다시 회복할 사람 자체가 없어지기 때문이다. 일단은 먹고사는 문제가 먼저다. 이 순간 대의명분, 자존심보다 더 중요한 것은 다음을 기약할 수 있는 생존이다.

공자께서는 마지막 선택지 중에 끝까지 꼭 붙들고 있어야 하는 것은 식량이 아니라 정신이라고 말씀하신다. 이 부분은 깊이 생각할 필요가 있다. 왜 그렇게 생각하시는지. 나라를 살리고 죽이기도 하는 가장 근원적인 힘은 정신이다. 경제도 아니고 국방도 아니라 국민정신이라는 것이다. 나라를 지키려는 마음, 나라를 살리겠다는 정신이 없다면 무기와 돈이 무슨 도움이 되겠는가? 돈과 권력이 아무리 막강해도 가족들이 저마다 자기 즐거움을 쫓아 가족정신이 해체되고 서로가 가족이라고 부를 수 없는 상태가 되었다면 위기 상황에서 무엇을 지킨다는 말인가? 같은 말이다. 가족이든, 회사든, 교회든, 나라든 세우고 지키겠다는 공동체 정신이 없다면 이미 사라지고 없는 것과 마찬가지다. 공자께서는 그 말씀을 하고 계신 것이다.

역사를 보면 국제질서는 70년 주기로 커다란 변화를 겪는다. 20년 주기의 사건들도 있고, 30년, 50년 주기로 나타나는 패턴들이 있다. 이러한 주기들이 반복되는 것을 보면 그 근원에 언제나 정신의 변화가 있는 것을 알 수 있다. 역사적 대변화라고 놀라지만 사실 간단한 것이다. 정신의 변화에 따라 때가 되어서 자연스럽게 외부로 드러나는 현상일 뿐이다. 그런 면에서 현재 세계가 겪고 있는 혼란과 갈등은 때가 되어서 당연히 일어날 일들이 일어나는 것이다. 무엇이 이렇게 만들었는가? 정신이다. 대한민국의 극심한 갈등과 부정부패, 사회 혼란에는 여러 가지 원인이 있겠지만 근본 원인은 '국민정신의 타락과 쇠퇴'다.

공자께서는 백성이 정치를 생각하면 나라가 망한다고 말씀하신다. 국가를 구성하는 구성원들이 제 기능과 역할을 하지 못하면 위기 상황이 반복되고, 사회 곳곳에서 기능장애가 발생한다. 그 피해는 고스란히 백성들의 몫이다. 삶의 현장에서 무너지는 나라를 걱정하는 것. 그것이 백성들이 정치를 생각한다는 의미다. 농사짓는 국민은 농사 잘 지을 생각을 하는 것이 자연스럽고 당연한 것이다. 기업가들이 회사 운영에 몰두하는 것은 당연한 일이다. 농사짓는 사람이, 기업 운영하는 사람들이 정치를 생각하기 시작했다? 나라가 망하기 시작한 거다. 정치인에게 맡겨진 정치가 작동하지 않기 때문이다. 마땅히 정치를 생각해야 할 사람들이 정치는 생각하지 않고 다른 생각, 즉 국민이 아니라 자신의 이익, 국가가 아닌 소속정당의 이익을 생각하고 있다는 뜻이다. 마땅히 생각해야 할 사람들은 생각하지 않고, 백성들이 정치를 생각하는 것. 공자 시대의 여러 나라에서 나타났던 사회현상을 그렇게 표현하신 것이다. 지금 대한민국이 그렇다.

# 정자정(政者正)
## : 정치란 바르게 하는 것

계강자가 공자에게 정치를 묻자 "정치란 바르게 만드는 것"이라고 말씀하셨다.

正의 갑골문 형상은 '一'이 네모 모양으로 '성읍'을 의미한다. 그 아래 '止'의 형상은 금문에 와서 현재 모양으로 변형되었고 갑골에서는 '축문 그릇'이다. 축문 그릇 위에 덮개가 덮여있는데 옆으로 삐죽하게 나온 부분은 성읍을 향한 방향으로 보인다. 적의 성읍을 치러 가는 여부를 하늘에 묻고 간다는 뜻이다. 축문 그릇이 갈 '止' 자로 바뀐 것은 의미도 통하고 형상을 단순화하는 과정에서 변형된 것으로 보인다. 고대 전쟁은 정당 전쟁론이었다. '무도한 적을 친다, 올바르지 못한 적을 쳐서 올바르게 만든다.' 그래서 바를 正 자는 바르게 되어있는 정적인 상태를 나타내는 것이 아니라 '바르게 만든다'는 동적인 의미다. 공자께서 정치를 正이라고 하셨을 때, 전쟁을 통해서라도 바르지 못한 적의 성읍을 치러 가는 것, 옳지 못한 적의 잘못을 바로잡는다는 의미를 내포한 것이다.

政事를 나타내는 政 자는 나라를 다스리는 일, 부정(不正)을 바로 잡는 일이다. 正+攵(칠복) 모양이다. 갑골문에 '막대기를 들고 있는 손 모양'의 攵 자를 칠복이라고 해서 채찍이나 회초리로 '치다'로 오늘날 주로 해석하지만, 원래 그 막대기는 때리는 용도가 아니라 후대의 권위 있는 사람의 상징물인 '규(圭)'와 같은 역할을 하는 장대였거나, 하늘의 신령한 힘이 임재하는 것을 보여주는 매개물이었으리라고 추측한다.

# 총명(聰明),
# 귀 밝고 눈 밝은 이가 최고

$\text{-----}\blacklozenge\blacklozenge\blacklozenge\text{-----}$

### 거현재(擧賢才)
### : 정치의 요체는 현명한 인재를 등용하는 것이다

정치에서 가장 중요한 것은 정치인이다. 결정력을 가진 사람들이기 때문이다. 법과 제도, 무기와 병력, 경제력, 기술 등의 많은 것이 국가를 이루는 요소지만 결국 그 모든 것을 움직이는 것은 사람이다.

정치인에는 네 종류가 있다. 현군(賢君), 현신(賢臣), 암군(暗君), 암신(暗臣). 현명한 군주, 현명한 신하, 어리석은 군주, 어리석은 신하.

현명한 군주는 있지만 현명한 신하가 없었던 시대, 현명한 신하는 있는데 현명한 군주가 없었던 시대가 대부분의 역사를 채우고 있다. 아래위로 인물들이 엇박자를 내고 있으니 슬픈 역사가 많았다. 최악의 경우는 어리석은 군주와 어리석은 신하의 조합이다. 이런 경우에 다행스러운 면이 있는데, 곧 망한다는 점이다. 역사에 드물게 등장하는 부흥과 성장의 시대는 당연히 현명한 군주와 현명한 신하들이 동시에 대거 등장하는 시기다. 이 조합도 아주 드물다. 하늘이 살리려고 하는 시대에는 현군과 현신이 조합을 이루고, 하늘이 버린 시대는 암군과 암신의 조합이 된다. 어느 한 나라에서만 일어나는 일이 아니고 전 세계 모든 나라의 역사다. 한 나라의 국운이 부흥하던 시대는 저절로 다가오는 것이 아니다.

대한민국이 잃었던 나라를 되찾고 신생국가를 세워나가던 시기의 이승만 대통령, 경제부흥을 이루어낸 박정희 대통령은 세계 역사에서 전례와 후례를 찾을 수 없는 현명한 지도자였다. 물론 지도자 혼자만의 힘으로 이루어진 것이 아니라 함께 일한 주변 인물들도 탁월했다. 도무지 나라가 일어날 수 없는 환경과 조건이었지만 현군과 현신의 조합은 그 불가능한 조건들을 뚫고 역사를 세운다. 사람의 힘이다. 사람의 힘을 우습게 보면 안 된다. 역사는 언제나 사람이 만들지 상황이 만드는 것이 아니다. 그런 면에서 필히 연구할 역사는 일본의 메이지 유신이다. 현명한 인재들이 동시대에 어떻게 그리 많이 등장했는지도 놀랍고, 그 사람들을 알아보고 적재적소에 배치한 것도 놀라운 일이다.

「안연」편에서 번지가 인(仁)에 대해 묻자 "사람을 사랑하는 것이다", 지(知)에 대해서 묻자 "사람을 알아보는 것이다"라고 공자는 대답하신다. 자는 곧 지인(知人)이라는 뜻이다. 지는 지식보다 지인이라는 공자의 말씀은 심오하다. 수집한 정보 상태, 저장된 지식이 아니라 그 지식으로 내리는 분별력, 판단력이 중요하다는 뜻이다. 지식이 지인으로 전환되었을 때 진정한 지다. 오늘날 지식인이라고 불리는 사람들이 상식적인 수준에도 못 미치는 발언과 결정들을 보면 공자의 말씀을 실감한다.

子曰. 狂而不直 侗而不愿 悾悾而不信 吾不知之矣.

공자께서 말씀하셨다. 뜻은 높으면서 정직하지 못하고, 무지하면서
삼갈 줄 모르고, 무능하면서 성실하지 못하면, 그런 사람은 내 알 바
아니다.

_「태백」편 8-16

예나 지금이나 정치인들은 대부분 이런 유형의 사람들이다. 이런 사
람들을 피해서 지도자로 세워야 하는데 그 판단을 해야 하는 사람조차
도 이런 수준이니 역사는 반복되나 보다. 결함이 이것이라면 이 결함을
고친 사람이 바람직한 상이 될 것이다. 공자께서도 이런 사람을 가르칠
방법이 없다고 하셨으니 더 이상 무엇을 말할 수 있겠는가. 나 스스로
뜻을 높이 세웠으면 정직해야 하고, 자신이 무지하다는 사실을 인정하
고 매사에 삼가는 마음으로 살고, 자신은 타고난 재능이 부족하기 때문
에 다른 사람보다 더 많이 노력해야 한다는 그런 사람이 정치를 해야 하
고, 그런 사람을 정치하도록 선택하는 것이 국민의 정치력이다.

정치하기 '원하는' 사람에서 정치를 '할 수 있는' 사람이 되기 위해서
갖추어야 할 것들이 많지만 최종적으로 도달해야 할 수준의 능력이 있
다면 다음과 같은 수준의 사람이 아닐까 한다.

子張問明. 子曰. "浸潤之譖 膚受之愬 不行焉 可謂明也已矣 浸潤
之譖 膚受之愬 不行焉 可謂遠也已矣."

자장이 명(明)에 대해 물었다. 공자께서 대답하셨다. "물이 스며들

듯 적시는 교묘한 참소와 피부에 와닿는 듯한 절절한 하소연이 통하

지 않도록 한다면 멀리 내다볼 수 있는 안목을 가졌다 할 수 있다.”

_「안연」편 12-6

명(明)은 눈이 밝은 것이다. 총(聰)은 귀가 밝은 것이다. 두 글자를 합
쳐서 ‘총명(聰明)’이라고 하면, 그 의미는 ‘귀 밝고 눈 밝은 사람’이라는
뜻이다. 明에 대해서 물었는데 멀리 볼 수 있다는 원(遠)으로 대답이 끝
나는 이유다.

부끄러울 치(恥)는 마음(心)에 귀(耳)를 기울였을 때 느껴지는 자연
적 감정이다. 사람의 마음속에 있는 온갖 더러운 것들이 들리기 때문이
다. 귀 밝을 명(聰)은 밖에 있는 사물의 소리를 듣는 능력이 아니라 머
리(囟)와 마음(心)의 소리를 듣는 능력이다. 내면의 소리를 들을 줄 아
는 능력이라면 밖에 있는 소리를 듣는 능력은 말할 것 없다. 눈 밝을 명
(明)은 태양(日)과 달(月)과 같이 밝은 것이기도 하고 밝게 보는 능력이
기도 하다. 밝게 보는 능력이 있다면, 그 능력으로 가장 멀리 보아야 한
다. 듣는 능력을 받았다면, 그 능력으로 가장 깊이 숨겨진 것을 듣고, 가
장 많은 소리를 들어야 한다. 재능이 하늘로부터 주어졌다는 것은 그
재능으로 세상을 이롭게 하라는 뜻일 것이다. 정치인에게 요구되는 덕
목이고, 그들에게 요구해야 하는 덕목이다.

죄 없는 사람을 헐뜯는 참(譖)은 물이 스며드는 듯하고 자신의 원통
함을 호소하는 소(愬)는 가시가 찌르는 듯하다. 남을 헐뜯는 참(譖)은

알아채기가 힘들고, 억울함을 호소하는 소(愬)는 무관심하게 지나치기 어렵다. 참소(譖愬)에 가려지지 않는 밝은 지혜와 판단력을 가진다면 정치인으로서 최고다.

## 두소지인(斗筲之人)
### : 한 두(斗)짜리 인간

> 曰. "今之從政者何如." 子曰 "噫 斗筲之人 何足算也."
>
> 자공이 물었다. "지금 정치에 종사하는 사람들은 어떻습니까?" 공자
> 께서 말씀하셨다. "한 두(斗)짜리 크기밖에 안 되는 인간들이야, 따
> 져볼 게 있겠느냐."
>
> _「자로」편 13-20

공자께서는 '한 두(斗)짜리 인간', 그릇의 크기가 작은 사람, 소견이 좁은 인간들이라고 당대 정치가를 평했다. 혹평이다. 2,500년이 지나 대한민국에도 '한 두(斗)짜리 인간'들이 정치를 하고 있다면 나라도 한 두(斗)짜리 나라다.

## 教之, "가르쳐야지"
### : 정치의 시작이자 마지막 동력

> 子適衛 冉有僕 子曰庶矣哉 冉有曰 旣庶矣 又何加焉 曰富之 曰旣
>
> 富矣 又何加焉 曰教之.

공자께서 위나라에 가실 때 염유가 수레를 몰았다. 공자께서 말씀하셨다. "백성이 많구나." 염유가 물었다. "백성이 이미 많아졌으면 또 무엇을 더해야 합니까?" "부유하게 해주어야 한다." "이미 부유해진 다음에는 무엇을 더 해주어야 합니까?" "그들을 가르쳐야 한다."

_「자로」편 13-09

춘추전국시대에는 세금을 적게 거두고, 형벌이 공정하게 행해지며, 관리들의 부정부패가 다스려지는 나라로 사람들이 옮겨가서 살았다. 백성들의 수가 많다는 것은 정치가 바르게 행해지고 현명한 군주가 있다는 뜻이었다. 공자께서 "백성들이 많구나"라고 말씀하신 것은 그런 뜻이다. 사람들의 수가 많아졌는데 일정한 산업이 없다면 백성들은 생활을 유지하지 못하고 범죄를 저지를 수밖에 없어서 사회 무질서로 고통받게 될 것이다. 그러므로 백성들을 부유하게 해주는 일을 그다음에 해야 한다고 말씀하신 것이다. 이미 부유해졌다면 가르쳐야지, 가르치지 않으면 짐승같이 살아갈 것이다.

오늘 대한민국 상황도 이와 비슷하다. 이미 절대빈곤에서 벗어나 먹고사는 문제가 해결되었는데도 더 부유해져야 한다고 아우성이다. 가르치고 배워야 할 때인데 가르치지도 않고 배우려고 하지도 않는다. 아직 그 상태라면 물질로도 정신으로도 '거지' 상태를 벗어나지 못한 것이다. 이제는 일해서 먹기보다 복지라는 이름으로 놀고먹기를 바란다. 노력의 대가가 아니라 공짜로 먹기를 원한다. 공평이라는 구호로 남의 것을 빼앗으려 든다. 가르치고 배우는 것이 무엇을 의미하는지 소홀히 여기다가 사람이 짐승으로 변해가고 있다. 공자의 말씀처럼 제대로 배우지 않고서 전쟁에 나간 격이다.

子曰. 以不敎民戰 是謂棄之.

공자께서 말씀하셨다. 백성들을 가르치지 않고 전쟁에 나가게 하는 것은 바로 그들을 버리는 것이다.

_「자로」편 13-30

무엇을 가르칠 것인가? 그 첫째가 '知之爲知之 不知爲不知'이다.

子曰. "由! 誨女知之乎? 知之爲知之 不知爲不知 是知也."

공자께서 말씀하셨다. "유야! 너에게 안다는 것에 대해 가르쳐주랴? 아는 것을 안다고 하고 모르는 것을 모른다고 하는 것, 이것이 아는 것이다."

_「위정」편 2-17

공자는 지식을 수량(數量)으로 본 적이 없다. 박학다식으로 보지 않았다. 지를 아는 것을 안다고 하고, 모른 것은 모른다고 하는 知之爲知之 不知爲不知나 사람을 아는 知人으로 보았다. 지식을 수량(數量)으로 여기면 내가 많이 안다는 자만심이 생기고 그 자만심이 자신을 파괴한다. '내가 좀 안다'라는 지적 오만은 극단적으로 모순된 두 얼굴을 가진다. 지나친 자신감과 열등감. 밖으로 드러나는 얼굴은 두 개이지만 몸통은 하나다. 무의식은 알고 있다. 자신이 가진 지식의 양이 세상의 기준이 될 수 없다는 것을. 그래서 자신감처럼 보이는 독단적 언어와 행동을 보이지만 실제로는 열등감의 표현이다. 겁이 난 개가 짖듯이 자신의 무지를 큰 목소리로 가리고 싶은 것이다. 치장, 화장, 위장이다. 실제보다 더 나아 보이려는 헛된 욕심이다. 본 모습과 달리 보이고 싶은 욕망이다. 그의 내면은 지식이 아니라 허위의식으로 가득 차서 자리가 없다. 배우려고 하지도 않지만 이미 배울 수도 없는 사람이 된 것이다.

오만은 자기방어이자 동시에 약하다는 뜻이다. 실제보다 더 멋있게 보이고 싶은 허위의식이다. 진정으로 강하지도 않고 아름답지도 않아서 '있는 그대로'의 나를 보여줄 수 없는 것이다. 있는 그대로를 드러내고 보여주는 것이 강함이고 진정한 자신감이다. 아는 것은 안다고 하고, 모르는 것은 모른다고 하는 것이 진정 강한 것이다.

깨달은 사람처럼 말한다고 그가 깨달은 사람은 아니다. 깨달은 사람이 말한 것을 따라 말한다고 그가 깨달은 사람이 되는 것은 아니다. 첫 번째 깨달음은 내가 아는 것이 없다는 것이다. 공자께서도 깨달음을 얻으시고 말씀하셨다.

子曰. "吾有知乎哉 無知也 有鄙夫問於我 空空如也 我叩其兩端而竭焉."

공자께서 말씀하셨다. "내가 아는 것이 있는가? 나는 아는 것이 없다. 그러나 비천한 사람이 나에게 질문한다면, 아무리 아는 것이 없더라도 나는 내가 아는 것을 다하여 알려줄 것이다."

_「자한」편 9-7

* 叩兩端(고양단)- 양쪽 끝을 탈탈 털어서(叩고-두드리다)

# 시시비비(是是非非)를
# 시비비시(是非非是)로 만든 시대

———— ◆◆◆ ————

## 시시비비(是是非非)
## : 옳은 것을 옳다고 하고 그른 것을 그르다고 하는 것

무엇을 가르칠 것인가? 두 번째는 시시비비(是是非非)다. 옳은 것을
옳다고 하고, 그른 것을 그르다고 하는 것. 당연한 것이 당연한 것이 아
닌 세상이 되었다. 이제는 시시비비(是是非非)가 아니라 시비비시(是非
非是) 세상이 되었다. 옳은 것을 그르다 하고, 그른 것을 옳다 하는 시비
비시(是非非是) 세상.

시비비시(是非非是) 세상을 만드는 데 가장 앞장선 부류는 지식인이
라고 불리는 사람들이다. 대학교수, 작가, 언론인, 소위 전문가라고 일
컫는 사람들이다. 이들은 학교 현장에서 교육이 아니라 자신의 이념을
주입하는 세뇌를 하고 있다. 이를 통해 선과 악의 자리를 바꾸고 있다.
절대 진리는 없고 오직 상대적 진리만이 있다고 주장하면서 내가 옳다
고 믿으면 그것은 옳은 것이 된다고 주장한다. 심지어 남성이 자신을
여성이라고 믿으면 남성이 아니라 여성이라고 주장한다. 그런 것을 상
대주의, 포스트 모더니즘, 젠더 이데올로기라고 한다. 언론과 사회 각

분야의 전문가라는 사람들이 돈과 개인 이익에 넘어가 是를 非라 하고 非를 是라고 하는 세상이 되었다.

시비비시(是非非是) 세상을 만드는 데 최대 걸림돌은 기독교다. 오늘 우리가 누리고 있는 질서와 법, 자유, 민주주의와 같은 가치관은 모두 기독교 가치관에서 나왔기 때문에 교회를 없애고 가족을 해체하려고 하는 것이다.

대중운동의 본질에 관한 분석에서 에릭 호퍼는 탁월했다. 지식인의 역할은 사회에 불만을 퍼뜨리는 것이다. 불만은 절대 빈곤 상태에서는 나오지 않는다. 불만은 먹고사는 문제가 어느 정도 해결된 상대적 빈곤 상태일 때 작동한다. 태생적으로 지식인은 불만 정신이다. 만족하는 사람이라면 지식을 통해 자신의 영혼과 정신의 결핍을 이해하거나 충족시키려고 하지 않을 것이다. 지식인이 부추기는 사회 불만이 임계점에 도달하면 새로운 세력이 나타난다. 맹신자, 광신도들이다. 지식인들은 거친 투쟁은 꺼린다. 책상물림이라는 속성 때문이다. 이때 등장하는 맹신자들은 단체를 구성하고 과격하고 파괴적인 ○○반대 운동을 한다. 무엇을 반대하든지 상관없다. 사회 기반을 흔들기만 하면 된다. 어느 순간 사회 유지가 불가능해지면 뒤에 숨었던 핵심 세력이 등장한다. 조종자다.

지식인의 사회 불만 유포, 과격한 사회단체들의 파괴행위, 기존 질서 유지 실패, 조종자 등장, 혁명 완수, 숙청과 처단, 자유가 사라진 세상에서 살아가기. 역사에서 반복되는 일이다. 이 모든 출발점은 언제나 시비비시(是非非是)를 외치는 곳에서 시작된다.

# 역사(歷史),
## 지난 일을 알려주니 앞날을 아는구나!

◆◆◆

### 고왕지래(告往知來)
### : 과거를 말하면, 곧 장래까지도 짐작할 수 있다

告諸往而知來者.

공자께서 제자 자공과 대화하며 하신 말씀이다. 지나간 일을 말해주
니 앞으로 있을 일까지 아는구나.

_「학이」편 1-15

　지나온 역사를 모르면 올바른 판단을 할 수 없다. 역사를 정확하게
알면 저절로 올바른 판단을 하게 된다. 다른 특별한 기술이 필요한 것
이 아니라 역사만 정확하게 알아도 된다. 역사는 단순히 과거에 무슨
일이 있었는지를 아는 것이 아니라, 그것을 통해 오늘 내가 어디 서 있
는지 위치 파악을 하게 된다. 그리고 역사를 알면 미래가 보인다.

　공산주의자, 사회주의자, 좌파들은 역사를 왜곡한다. 선전·선동에 유
리한 것과 불리한 것을 선별적으로 골라 사용한다. 구소련이 붕괴된 후
러시아에 수많은 문제가 있었지만 가장 심각한 것은 역사 교과서였다.
공산당 집권 동안 역사 왜곡이 너무 심해서 학교에서 수업을 할 수 없을

236

정도였다. 지금도 러시아사 집필은 끝나지 않았다. 학교에서 자신들의 역사를 제대로 배우지 못하는 학생들이 국가관, 민족관, 사회관, 문화관을 건강하게 가질 수 있을까? 역사 왜곡은 주로 미화, 편집을 통해서 일어나는데 국가 근간을 무너뜨리는 일인데도 무서운 줄을 모른다. 역사는 있는 그대로를 기록하고 전달하고 해석해야 한다. 오늘날 이념으로 역사를 왜곡하는 일들이 빈번히 일어나는 것은 비극이다. 현재 대한민국의 혼란상도 오랜 세월 역사 왜곡이 한몫했다.

충(忠)은 마음의 중심(中+心)이다. 마음에 중심이 하나다. 근심을 뜻하는 환(患)은 마음에 중심이 두 개다. 동시대를 살면서 다른 기반 위에 살고 있기 때문에 생기는 혼란이다. 오늘 대한민국의 극심한 혼란은 다른 가치관, 다른 역사 해석, 다른 이데올로기 기반 위에 서 있기 때문이다. 마음의 중심이 두 개로 갈라져서 생기는 근심이고 고통이다.

# 시서화 문사철(詩書畵 文史哲)

◆◆◆

## 詩와 音樂

　동서양을 막론하고 귀족은 詩書畵 文史哲을 두루 익혀야 했고 또 그리했다. 오늘날 계급에 대한 거부감 때문에 귀족이라는 말이 거슬릴 수도 있지만, 오늘날에도 정신적으로 진정한 귀족이 존재한다. 그런 진정한 정신과 영혼의 귀족은 詩書畵 文史哲에 두루 밝고 그것을 즐길 줄 안다.

　음악이라는 것은 작곡자, 연주자, 감상자 3인의 합작으로 완성된다. 작곡했는데, 작곡자 의도대로 연주할 수 있는 연주자가 없다면? 음악이 완성되지 않는다. 연주자까지는 있는데, 그 음악을 듣고 음악의 아름다움에 감탄하고 즐길 줄 아는 청중이 없다면? 그 또한 음악의 미완성이다. 그래서 음악이 완성되려면 세 가지 요소가 다 갖추어져야 한다.

　고전음악의 작곡자, 연주자, 감상자는 모두 다 천재다. 명곡이나 오페라 아리아를 듣다 보면 이런 생각이 들 때가 있다. '이것을 어떻게 생각하고 창작했을까?', '이 부분을 어떻게 저렇게 연주해내는지⋯.' 마지막으로 들을 귀가 열려서 그것을 듣고 감동하는 청중을 보면서 '어떻게 이 소리를 알아듣고 저렇게 감동할까!' 셋 다 천재다.

음악은 환희, 감동, 전율이다. 슬픔의 치유제, 기쁨의 폭탄이다. 다른 성현들보다 공자께서는 유달리 음악과 시를 통해 느낀 전율과 감동을 많이 표현하셨다. 공자는 감탄하셨다.

# 시, 음악(詩, 音樂),
# 이 정도인 줄 몰랐다!

◆◆◆

## 不圖爲樂之至於斯也!

子在齊聞韶, 三月不知肉味 曰. "不圖爲樂之至於斯也."
공자께서 제나라에서 순임금의 음악인 소를 들으신 후, 석 달 동안
고기 맛을 잊으시고는 다음과 같이 말씀하셨다. "음악을 하는 것이
이런 경지에 이를 줄은 생각지도 못했다."

_「술이」편 7-13

　노나라 출신 공자께서도 제나라에 가서서 비로소 순임금의 음악인
소를 처음 들으신 듯하다. 노나라는 원래 주공의 아들 백금에게 하사한
봉토였다. 주나라를 세운 무왕은 현명한 동생 주공에게 직접 봉토를 주
지 않고 주공의 아들 백금에게 봉토를 내렸다. 주공은 중앙에서 자신을
도와야 하니까 그런 결정을 내렸을 것이다. 태공망(강태공) 여상에게는
넓은 바닷가 영토 제나라를 하사한 반면, 노나라는 영토가 넓지 않고 작
은 나라였다. 영토는 작지만 다른 제후국들과는 다른 특권 하나를 노나
라에 준다. 주나라 왕실과 똑같은 '예'를 행할 수 있는 특권. 왕만이 할
수 있는 것을 노나라에도 허용해준 것이다. 아마도 천재지변이나 전쟁

으로 인해 주나라 왕실의 전통이 파괴되거나 단절되지 않도록 안전장치를 마련한 것이다. 노나라는 주나라 왕실의 복사본 안전장치였을 것이다. 그렇다면 주 왕실의 모든 문헌이나 음악도 노나라에 있어야 하는데 공자께서 그때까지 소(韶)라는 음악을 듣지 못하신 것은 조금 특이한 상황이다. 노나라에 있기는 있었지만 들을 기회가 없었던 것으로 보인다. 소(韶)를 들으시고 석 달 동안 그렇게 좋아하시는 고기 맛을 잊으셨다니 그 감동이 대단했던 것 같다. 다른 문헌에 보면 공자께서는 특별히 고기반찬을 좋아하셨다는 기록들이 있다. 얼마나 고기를 좋아하셨으면 그렇게 기록을 다 했을까 싶은 대목이다. 그런데 그렇게 좋아하시는 고기 맛을 석 달 동안 잊게 만든 순인금의 음악, 소(韶)! 음악 그 자체도 아름다웠을 것이고, 연주자의 연주도 음악에 맞는 수준이었을 것이고, 소리를 알아듣고 감동한 공자도 대단하다.

> 공자께서 말씀하셨다. 악사(樂師) 지(摯)가 초기에 연주했던 관저의
> 마지막 악장은 아름다움이 흘러넘쳐 귀를 가득 채웠도다!
> _「태백」편 8-15

악공(樂工)이 아니라 악사(樂師)다. 스승 사(師)를 쓰고 있다. 연주했던 지(摯)는 노나라 태사(太師, 3정승 반열) 벼슬이었다. 고대로부터 역사를 기록하는 벼슬과 왕의 제사와 같은 연례행사 때 연주하는 악사 벼슬은 3정승 급이었다. 음악이 무엇인지 그때는 알고 있었던 듯하다.

子語魯大師樂 曰. "樂其可知也 始作翕如也 從之純如也 皦如也

*繹如也 以成."*

공자께서 노나라의 태사에게 음악에 대하여 말씀하셨다. "음악은
알 수 있습니다. 처음 시작할 때는 여러 소리가 합하여지고, 이어서
소리가 풀려나오면서 조화를 이루며 음이 분명해지면서 끊임이 없
이 이어져 한 곡이 완성되는 것입니다."

_「팔일」편 3-23

공자께서는 확실히 듣는 귀가 열린 분이셨다. 음악을 알 수 있다, 소
리를 알 수 있다고 표현하시는 것을 보면 공자는 음률을 듣고 그것이 무
엇을 드러내는지, 무엇을 뜻하는지 알 수 있는 분이셨다. 눈이 있다고
다 보는 것이 아니고, 귀가 있다고 다 듣는 것은 아니다. 들을 귀가 있는
자만 들을 수 있고, 볼 수 있는 눈이 있는 자만이 볼 수 있는 것이다. 그
런 면에서 공자는 들을 귀가 있는 분이셨다.

*子謂韶 盡美矣 又盡善也 謂武 盡美矣 未盡善也.*

공자께서 소(韶)에 대해서는 "소리의 아름다움이 지극할 뿐 아니라
그 내용의 선함도 지극하다"고 하셨고, 무(武)에 대해서는 "소리의
아름다움은 지극하지만 그 내용의 선함은 지극하지 못하다"고 하셨
다.

_「팔일」편 3-25

순임금의 음악인 소(韶)와 주나라 무왕의 음악 무(武)를 비교하시면
서 음률의 아름다움과 음률이 가지는 의미까지도 감지하는 수준이다.

공자께서는 진정 '들을 귀 있는 자'이셨다.

　내 아버지와 작은아버지께서는 평생 음악을 듣고 즐길 줄 아는 분이셨는데, 어릴 적 기억으로도 두 분은 만나실 때마다 음악에 대해 말씀을 나누셨다. 세월이 흘러 두 분 대화에 나도 낄 수 있어서 참 좋았다. 한번은 이런 적이 있었다. '음악을 이해한다는 것이 이런 것이구나!' 하는 기억인데 아직도 기억에 선명하다. 새 DVD(그때는 블루레이가 나오기 전이라 DVD 시대였다)가 나와서 내가 먼저 듣고 며칠 뒤 아버지를 모시고 와서 들려 드렸다. 첫 소절이 흐르고 3분 정도 시간이 흘렀을까, 당신도 모르게 흔들의자에서 아버지가 벌떡 일어나셨다. 감동의 목소리로 "이건 관현악의 혁명이다!"라고 외치셨다. 얼마나 큰 목소리였던지 내가 깜짝 놀랐다. 나는 그 정도로 감동하지 않았는데 아버지는 이해가 깊으셨다. 두다멜이 미국으로 처음 건너와 지휘했던 베토벤의 곡이었는데 젊은 지휘자의 곡 해석이 지금까지 들었던 음악과는 달랐던 것이었다. 작은아버지는 〈말러: 교향곡 제2번〉을 특별히 좋아하셨는데, 한번은 같이 길버트 카플란이 지휘한 음악회에 갔었다. 연주가 끝나고 나서 나오면서 "완전히 다른 음악 같았다. 지금까지 들었던 말러 2번과는 달라서, 다른 음악 같았다"고 말씀하셨다. 일평생 좋아하셨던 음악이니 얼마나 많이 그리고 자주 들으셨을까! 그런데 완전히 다른 음악으로 느껴질 정도이니 곡 해석이 남달랐다는 것을 느끼신 것이다. 카플란이라는 지휘자의 이력이 그럴 수밖에 없었다. 작은아버지는 그것을 감지하신 것이다. 자주 듣고, 좋아하고, 사랑하면 들을 귀가 열린다. 음악의 아름다움을 즐길 줄 알면 싸구려 쾌락과 감동에 관심이 가지 않는다.

음악이 할 수 있는 여러 가지 역할이 있는데 가장 좋은 것은 '신의 음성을 듣는 훈련'이다. 루터는 음악이 음률의 아름다움을 즐기는 것으로 그치는 것이 아니라 신의 음성을 듣는 훈련이라고 말했는데, 정말 그러하다.

子曰. "關雎, 樂而不淫 哀而不傷."
공자께서 말씀하셨다. "『시경』의 관저는 즐거우면서도 지나치지 않고 슬프면서도 마음을 상하게 하지는 않는다."
_「팔일」편 3-20

淫은 정도가 지나치다, 傷은 지나친 슬픔에 빠져 몸과 마음에 해를 입힌다는 뜻이다. 음악은 빠져들기 시작하면 그 감동이 너무 자극적이라 쾌감을 준다. 성적인 쾌감은 저리 가라 할 정도다. 그 순간 소리의 즐거움인 음악(音樂)이 음란한 쾌락, 음낙(淫樂)으로 변하는 것이다. 공자께서는 지극한 순간에 음(音)이 음(淫)을 변하는 것을 경계하신 것이다. 음악을 즐길 때 잊지 말아야 할 경계인데, 여기까지 도달하기가….

樂而不淫 哀而不傷(낙이불음 애이불상)

그 당시에는 시가 곧 음악이었다. 시는 가사이고 음악은 가락이고, 이 두 가지가 동시에 합쳐져 있는 하나였다. 오늘날에 음률은 보존되지를 못했고 시의 형태로 『시경』에 남아있다.
공자께서는 시와 음악이 어떻게 쓰일 수 있는지 설명하신다.

子曰. "興於詩 立於禮 成於樂."

공자께서 말씀하셨다. "시를 통해 순수한 감성을 불러일으키고, 예의를 통해 도리에 맞게 살아갈 수 있게 되며, 음악을 통해 인격을 완성한다."

_「태백」편 8-8

詩와 音樂은 균형(均衡)이다. 예(禮)와 지(知)의 건조함과 피로를 순화시키는 균형. 예의 기능은 화합이 귀중한 것이다. 다른 뜻과 욕망을 가진 사람들을 화합시키는 일이 쉬운 일인가? 얼마나 피곤하고 설득하기 어려운 일인지 예를 행하다 보면 지친다. 인간 본성을 거스르는 일이니 피곤하고 지칠 수밖에 없다. 그래서 시가 잃었던 생기를 되찾아주고, 정서를 촉촉하게 적셔주면서 내면을 회복시키는 것이다. 뜨거운 것을 식히고 급히 반복되는 것에 멈춤을 주는 것이 시와 음악이다. 『서경』「순전」에 이르기를 "시는 마음속의 취지를 말로 드러내는 것이고, 노래는 말을 길게 늘이는 것이며, 소리는 음길이에 따르며, 선율은 소리를 조화시키는 것"이라고 했다. 시가 근본이고 곡조와 음률은 그다음이다. 그래서 공자께서는 아들 백어(伯魚)와 제자들에게 시를 공부하라고 권한다.

子曰. "小子 何莫學夫詩 詩可以興 可以觀 可以群 可以怨 邇之事父遠之事君 多識於鳥獸草木之名."

공자께서 말씀하셨다. "너희들은 왜 시를 배우지 않느냐? 시는 감흥을 흥기할 수 있으며, 사물을 잘 살펴볼 수 있으며, 사람들과 잘 어울려 평화로워지며, 사리에 어긋나지 않게 원망할 수 있으며, 가까이로는 아버지를 섬길 수 있고 멀리는 임금을 섬길 수 있으며, 조수와 초목의 이름을 많이 알 수 있다."

「양화」편 17-8

사람 마음속에 의지와 뜻이 일어나지 않으면 학문은 시작되지 않는다. 무슨 일이든지 하고자 하는 마음이 일어나야만 그 일이 시작된다. 그 하고자 하는 마음을 일으키는 것이 '시'다. 인간의 감정변화, 세속의 움직임, 모든 인간사의 흐름을 깊이 볼 수 있는 눈(볼 관, 觀)을 가지게 하며, 사람들과 어울리지만 파당을 만들지 않으므로 평화롭게 지낼 수 있고, 원망할 일이 생기더라도 분노를 쏟아부어 관계를 그르치는 것이 아니라 시로 에둘러 더 절실히 표현할 수도 있고, 조수와 초목 이름이라는 수많은 사물을 분류하고 널리 알게 되면 넓은 안목을 가지게 된다. 그런 실용적 효용도 있지만 더 중요한 것은 다음과 같다.

> 子謂伯魚曰. "女爲〈周南〉〈召南〉矣乎 人而物爲周南召南 其猶正牆面而立也與."
> 공자께서 '백어'에게 말씀하셨다. "너는 〈주남〉과 〈소남〉을 배웠느냐? 사람이 〈주남〉과 〈소남〉을 배우지 않으면 담장을 마주하고 서 있는 것과 같다."
> 「양화」편 17-9

자공과 대화에서 절차탁마(切磋琢磨)를 두고 지적인 깨달음이 있고

난 다음에 비로소 '자네와 시를 말할 수 있게 되었구나'라고 말씀하신다. 시의 본질을 꿰뚫어볼 수 있는 안목이 생긴 다음에 시를 더불어 나눌 수 있는 것인데 그것이 쉬운 일은 아니다. 시가 무엇을 말하는지, 무엇을 말하려고 하는지 시를 읽고 깨달을 수 있는 수준에 이르고서야 시를 함께 말할 수 있는 것인데, 자하의 질(質)과 소(素)에 대한 철학적 대화를 통해서도 '자네와 시를 말할 수 있게 되었구나'라고 기뻐하신다. 꿰뚫어서 이해하는 사람과 대화를 나누는 것은 큰 대문을 통해 집안에 들어가는 것과 같고, 시를 알지도 못하고 이해하지도 못하는 사람과 함께 있으면 담장을 마주하고 있는 듯한 답답함이 있을 것이다. 당연한 이치다.

공자께서 말씀하신 시를 배우지 않으면 '담장을 마주하고 서 있는 것과 같다'는 뜻은, 시를 모르면 6방(方)(위, 아래, 앞, 뒤, 좌, 우)이 가려져 어떤 곳도 볼 수 없다는 뜻이다. 담장을 마주하고 서 있으면 막힌 담장 외에 보이는 것은 없다. 담장 너머의 세계는 더욱 볼 수 없다. 시가 근본이라는 말씀이다.

# 여자는 돌보기 어렵다

——— ◆◆◆ ———

子曰. "唯女子與小人 爲難養也 近之則不孫 遠之則怨."
공자께서 말씀하셨다. "여자와 소인만은 돌보기 어렵다. 가까이하
면 불손하고 멀리하면 원망한다."

_「양화」편 17-25

    공자께서 『논어』에서 '여성'이라는 주제로 언급한 유일한 부분이다.
얼핏 보면 소인과 여자를 같이 언급하고 있으니 동급이나 비슷한 유형
으로 보신 듯하다. 좀 더 자세히 볼 필요가 있다. 먼저 현대 페미니즘 관
점에서 보면 올바른 해석을 할 수 없으니 조심할 필요가 있다. 그 시대
정신에서 보면 소인까지가 사람이다. 사람은 인격을 가진 존재이고 노
예는 비인격적 존재로서 가축과 같이 취급했다. 공자께서는 여자를 인
격 존재로 보셨다. 낮춰 보셨다면 소인이 아니라 종이나 노예를 의미하
는 복예(僕隷)나 하인(下人)이라는 표현을 쓰지 않으셨을까? 군자와 사
(士)는 서로 '예'와 '의'로 대하는 관계이고, 소인은 이익(利)에 따라 움직
이기에 '예'와 '의'로 대하기 어렵다고 여겼다. 그래서 소인을 대할 때는
이익을 가지고 관계를 조절하는 방식으로 대하셨다. 그런 소인과 여자
를 같은 부류로 언급했으니 부정적 뉘앙스를 가지는 것은 당연하다.

여자를 군자나 사(士)를 대하듯 '예'와 '의'로 대할 수 없다는 것은 여자를 대하는 다른 방식이 있다는 뜻이다. 소인에게 '이익'이라면 여자는 '사랑'이리라. 공자께서도 여자를 대하는 것이 어려우셨던 듯하다. 소크라테스나 공자도 대하기 어려운 존재가 여자니 너 또한 조심해서 대해야 한다는 것이다. 소크라테스와 그의 아내 크산티페에 대해서는 전하는 이야기가 있지만 공자에 대해서는 알려진 이야기가 거의 없다. 하지만 어려움을 느끼신 것은 분명한 듯하다. 여자하고 소인'만' 대하는 것이 어렵다고 했을 때 오직 유(唯)를 쓰고 있는 점 그리고 양(養)이라는 글자를 사용했다는 점을 유의해서 볼 필요가 있다. 양(養)은 '기르다', '키우다', '대하다' 등 여러 뜻을 가지는데 '대하다'는 뜻이 문맥에 가장 맞을 것이다.

아들이 초등학교 5학년 때 처음으로 성교육을 했다. 여러 가지 이야기를 들려주었는데 가장 핵심적인 얘기는 여성을 대하는 기본적인 태도였다. 마지막으로 마티아스 클라우디우스의 글을 인용하면서 마쳤는데 그 이야기를 듣고 아들이 아주 진지해졌다. "네 엄마도 한때는 소녀였다는 사실을 기억해라." 엄마를 함부로 대하지 않듯이 앞으로 만나는 모든 여성을 존중할 줄 알아야 한다. 그 가르침은 지금도 동일하다. 이제 장성했으니 더욱 그렇다. 인간의 욕망은 자연스러운 것이지만 여성을 만날 때 욕망의 충족 대상으로만 본다면 그 순간 짐승이 되는 것이다. 이런 말을 하면 틀림없이 아들은 장난으로 "저는 짐승이 되고 싶어요"라고 할 것이지만… 젊은 날을 보내고 있으니 기억해두기를 바란다. "섹스가 아니라 사랑을 해라." 아들은 또 그러겠지, "둘 다 하고 싶어요."

나의 대답은 이렇다. "결혼하고 둘 다 해라." 그것이 가장 좋다.

공자께서도 어려움을 토로했던 여성을 대하는 관계는 이미 이 문장에 답은 나와 있다. 너무 멀리도 하지 말고 너무 가까이도 하지 말고. 말처럼 쉬운 일은 분명 아니다. 하지만 사랑하면 그 기준을 찾을 수 있을 것이다.

옛날이야기 하나를 더해본다. 옛날에 외줄 타기를 잘하는 사람이 있었는데, 천 길 낭떠러지 위에서도 외줄을 타고 건너갈 수 있었단다. 사람들이 어떻게 균형을 잡는지 궁금해서 물었더니 이렇게 대답하더란다. "규칙이나 원리 같은 것은 잘 모르겠고 저는 그냥 몸이 왼쪽으로 기울어지면 오른쪽으로 힘을 주고, 오른쪽으로 몸이 기울어지면 왼쪽으로 힘을 줄 뿐입니다."

여러 말 할 것 없고 여자는 그냥 사랑해라! 아낌없이 사랑해라! 여자는 남자가 이해할 수 있는 존재가 아니다. 여자를 이해하려고 하지 마라. 이야기 하나 더, 한 남자가 '지니'의 램프를 문지르자 '지니'가 나타나 말했다. "소원 한 가지를 말하면 들어주지!" 남자는 말했다. "내 평생소원이 하와이로 여행 가는 것인데, 고소공포증이 있어서 비행기를 탈 수도 없고, 뱃멀미가 심해서 배도 못 타. 그러니 하와이까지 자동차로 운전해갈 수 있도록 바다 위로 다리를 만들어주면 좋겠어." 그러자 '지니'가 말했다. "그건 불가능해! 다른 소원을 말해봐!" 그러자 남자가 말했다. "그러면 음… 나는 여자를 이해하고 싶어!" '지니'가 대답했다. "다리를 2차선으로 해줄까? 4차선으로 해줄까?"

# 천하주유(天下周遊), 공자의 일생

———— ◆◆◆ ————

공자가 노나라의 대사구(법무장관)로 임명되었을 때 그의 나이 56세였다. 그 이전 말단 관리직을 전전할 때는 창고지기로서 저울이 공평했고, 가축 키우는 일을 맡았을 때는 가축을 번성시켰다. 하지만 진정 자신의 사상을 펼칠 수는 없었다. 그런 공자가 대사구로 임명되었을 때 얼마나 기뻤을까 짐작이 간다. 비로소 이제 현실 정치판에서 제대로 일할 기회가 생긴 것이다. 전제군주제 시절 왕족과 귀족은 법의 기본인 신상필벌로부터 멀었다. 죄를 범해도 신분이 높다는 이유만으로 법적인 처벌을 비켜갔다. 하지만 법무부 장관 대사구가 된 공자는 노나라 정사를 문란하게 만드는 대부 '소정묘'를 주살했다. 대부라는 신분조차도 법을 어기면 저렇게 처벌을 받는다면 나머지 평민들은 그 사실을 어떻게 받아들였을지 짐작할 수 있다.

공자가 정사를 맡은 지 석 달이 지나자 법치가 이루어졌다. 시장에서 저울 속이는 일이 사라졌고, 길에 물건이 떨어져 있어도 주워가는 사람이 없을 정도였다. 치안이 확보되자 사방에서 상인들이 활발히 찾아오며 경제가 활성화되었다. 노나라와 국경을 인접하고 있는 제나라 백성이 이 소문을 듣고 두려워하는 것은 당연했다. 제나라에는 이런 여론이 형성되었다. "공자가 노나라의 정사를 하면 노나라가 반드시 패권을 잡을 것이고 우리 제나라는 땅이 가까우니 병합될 것이다. 미리 약간의 땅을 노나라에 내주고 평화를 구하는 것이 좋지 않을까?" 제나라는 노나라의 선정을 방해하기 위해 먼저 군주의 총기를 흐리고 공자를 제거하려고 간계를 썼다. 먼저 군주의 정사를 방해하기 위해 교란책으로 미녀 80명, 말 120마리가 끄는 화려한 마차 30대를 선물로 보냈다. 이 선물을 받아들인 계환자를 보고 제자 자로가 "선생님께서 노나라를 떠날 때가 왔습니다"라고 말하자, 아직 미련이 남은 공자가 말했다. "곧 군주는 제사를 지내야 하는데 그때 군주가 희생 제물을 대부들에게 나누어주면 나는 여기 남을 것이다." 군주가 즐길 것을 즐기더라도 해야만 하는 정사를 제대로 처리하기만 한다면 나는 나의 일을 할 것이라는 뜻이다. 하지만 계환자는 제나라의 미녀들을 받아들이고 사흘 동안 정사를 돌보지 않았다. 성 밖에 나가 드리는 제사인 교제(郊祭)를 드리고도 그 희생 제물을 대부들에게 나누어주지 않았다. 저런 군주라면 볼 것도 없다고 판단하여 공자는 노나라를 떠난다. 드디어 그 유명한 14년 동안 천하주유가 시작된다.

공자는 핵심 제자들을 데리고 천하주유를 떠난다. 공자와 제자의 나이 차이를 보면 부모와 자식 관계가 아니라 거의 할아버지와 손자 관계에 가깝다. 공자를 찾아온 제자들은 10대 후반이나 20대 초반이었다. 특별히 공자와 함께 천하주유를 떠났을 때 제자들은 대부분 20~30대였다. 공자와 제자의 나이 차이를 보면 대략 다음과 같다.

## 공자와 제자의 나이 차이

자로(9살), 안회(30살), 자공(31살), 증자(46살), 유자(유약, 43살), 자하(44살), 번지 (36살), 자장(48살), 자유(45살), 염유(염구, 29살), 민자건(15살)

공자의 핵심적인 제자 77명 중에는 아버지와 아들이 동시에 제자로 들어와 있는 경우가 많았다. 염경(백우)은 아버지, 염옹은 그의 아들. 안로는 아버지, 안연(안회)은 그의 아들. 아버지가 아들과 함께 공자의 가르침을 받으러 찾아온 것이다. 아버지와 아들이 함께 배우는 것이 가장 이상적인 배움이다. 부모와 자녀가 함께 배우는 것이 가장 잘 배우는 방법이다.

공자는 노나라를 떠나 위(衛)나라에 열 달을 머문다. 공자를 시기하는 누군가 위영공에게 참소를 하자, 공자는 억울한 누명을 쓰고 변을 당하지 않을까 염려하여 진(陳)나라로 떠난다. 진나라로 가는 도중 광 땅을 지나는데 광 땅의 사람들이 공자의 길을 막았다. 오래전 양호가 광 땅의 사람들을 포악하게 대한 적이 있었는데 공자의 모습이 양호를 닮아 착각했기에 일어난 해프닝이었다. 닷새 동안 포위당해 죽을 위기를 느낀 제자들이 두려워하자 공자가 말했다. "주문왕이 이미 돌아가셨으나 문(文)은 여기에 있지 않은가? 하늘이 문을 없애려고 하셨다면 우리에게 문을 전승할 수 없게 하셨을 것이다. 하늘은 문을 없애고자 하지 않으신다. 그러하니 '광' 땅 사람들이 나를 어찌하겠는가!"

하늘이 내린 사명을 현실의 고통 속에서 확신하는 공자의 모습을 볼 수 있다. 이후 광 땅에서 오해가 풀리고 포 땅으로 갔다가 다시 위(衛)나라로 돌아간다. 위영공에게는 행실이 나빠 추한 소문이 많은 남자(南子)라는 부인이 있었는데 공자를 수레 뒤에 태우는 실례를 일부러 범한다. 여자가 정사를 좌우하는 환경에 실망한 공자는 조나라로 떠난다. 이후 송나라로 갔을 때 송나라 사마 환퇴가 공자를 죽이려고 했다. 피신을 서두르는 제자들에게 공자는 말했다. "하늘이 나에게 덕을 이을 사명을 주셨는데 환퇴가 나를 어찌할 수 있겠느냐!"

또다시 지상의 사명을 확신하는 사람이 가지는 내적 자신감을 제자들에게 보여주었다. 공자가 정나라에 들어섰을 때, 제자들과 길이 어긋나 혼자 성의 동문에 서 있었다. 스승을 찾아다니던 제자 자공에게 그곳 백성 중 한 사람이 와서 지체 높은 분처럼 보이는 사람은 없었고 늙은 노인이 성문 옆에 서 있었는데 "상갓집 개와 같았습니다"라고 전했다. 이후 이 이야기를 전해 들은 공자는 "맞는 말이다"라고 호쾌하게 웃어넘긴다.

진(陳)나라에 머문 지 1년 되었을 때 오나라가 월왕 구천을 회계에서 격파하는 정치적 급변사건이 일어난다. 3년 되는 해 초나라가 쳐들어온다. 귀국을 결심한다. 포 땅을 지날 때 포 땅 사람들이 공자의 앞길을 막았다. 포 땅은 원래 위진초(衛晉楚) 3개국의 국경이 맞닿아있어 전략적 요충지였다. 그래서 포 땅의 사람들은 공자가 위나라로 가서 위나라를 부강하게 하는 것을 두려워했다. 싸움이 격해지자 포 땅 사람들이 중재안을 제시했다. "만일 위나라로 가지 않으면 그대를 놓아주겠소." 공자가 맹약했고 풀려났다. 하지만 공자는 위나라로 들어갔다. 제자 자공이 이상하게 여겨 물었다. "선생님, 맹약을 어겨도 됩니까?" 공자가 대답하기를 "강요된 맹약은 신도 인정하지 않는다." 책상에서만 배운 것들, 관념으로만 알고 있던 것들이 시기와 질투, 권력 투쟁이라는 현실 앞에서 다듬어진 것이다.

이후 진, 채나라를 거쳐 섭 땅으로 갔다. 섭공이 공자에게 정치를 묻자 "정치란 먼 데 있는 사람들을 찾아오게 하고, 가까운 곳에 있는 사람의 마음을 얻는 데 있습니다"라고 대답한다. 훗날 섭공이 자로에게 공자의 사람됨을 물었지만 자로는 감히 스승을 평가하지 못하고 대답하지 않았다. 공자가 이를 알고 말했다. "중유(자로)야! 너는 왜 이렇게 말하지 않았느냐? 도를 배우는 데 권태를 느끼지 않고, 사람을 깨우치는 일에 싫증을 내지 않으며, 일에 열중해 먹는 것조차 잊어버리고, 즐거움으로 근심을 잊으며, 늙어가는 것도 모르고 살아가는 사람이라고 말하지 않았느냐?"

이를 보면 공자의 자아관이나 이상적인 인간관을 알 수 있다. 참으로 중요한 자아관이다. 공자의 이런 자아관을 가지도록 일평생 애쓰는 것이 學의 과정일 것이다.

그는 진리를 배우는 데 권태를 느끼지 않는다. 진리는 배우는 것이다. 사는 것도 죽는 날까지 배우는 것이다. 예수님께서 말씀하신 "내게 와서 배우라!"도 그런 뜻이다.

사람을 깨우치고 가르치는 데 싫증 내지 않는다. 나 자신이 배우는

데 민첩하지 못하고 영특하지도 못했으니, 내게 배우는 이가 늦고 게을러도 포기하지 않고 기다려주는 아량이다. 잘 배우는 자가 잘 가르친다. 부디 잘 배우라!

공부나 일에 몰입하면 먹고 자는 것도 잊을 정도로 몰입한다. 즐거움으로 근심을 잊는다. 근심한다고 근심이 물러가지 않는다. 누구나 인생의 짐이 있다. 삶의 단 한 순간도 벗어날 수 없는 무게다. 삶의 즐거움으로 잊는 것이지 근심에 빠져있다고, 걱정을 많이 한다고 가벼워지는 것이 아니다. 사람들은 제각각이라 세상 모든 사람이 너를 좋아할 수는 없다. 너를 싫어하는 사람들의 악담이나 저주에 마음 상할 것 없다. 너를 좋아하는 사람들의 격려를 듣고 그들과 어울려 살아가면 된다. 악플에 상처받고 자기 목숨 버리는 사람만큼 어리석은 사람도 없을 것이다.

늙어가는 것도 모르고 살아가는 사람! 사는 것에 몰두하고 사는 것을 기뻐하고 즐기면 늙는 것도 모른다. 늙으면 또한 어떤가! 때가 되어서 늙는 것을. 자연스러운 것으로 받아들일 것이지 거부할 것이 아니다.

채나라에 머문 지 3년이 지나 초나라가 공자를 초빙했다. 진나라와 채나라의 대부들이 모여 의논했다. "공자의 가르침은 우리 모든 대부의 행실에 맞지 않는다. 초나라에 등용되어 쓰인다면 틀림없이 우리가 위험해질 것이다." 진, 채 대부들이 들판에서 공자를 포위해 죽이려고 했다. 식량도 떨어지고 제자들은 병들고 일어서지도 못했다. 자로가 화가 나서 물었다. "선생님! 아무 잘못 없는 군자도 이처럼 곤궁할 때가 있습니까?" 이 항의 섞인 불만을 들은 공자는 오히려 제자들에게 묻는다. "『시경』에 '무소도 아니고 호랑이도 아닌데 나는 광야를 헤맨다'라는 말이 있다. 우리가 놓여있는 상태가 이와 같다. 이런 경우를 당하는 것은 우리의 길이 잘못되었기 때문일까?"

공자의 질문에 대한 자로, 자공, 안회의 대답은 딱 자기 수준이었다. 자로가 대답했다. "우리가 어질지 못하고 지혜롭지 못하기 때문입니다", 자공은 이렇게 대답했다. "선생님의 도가 지극히 크기에 천하의 어떤 나라도 선생님의 도를 받아들이지 못해서 그렇습니다. 선생님의 도를 왜 약간 낮추지 않습니까?" 그러자 안회가 대답했다. "선생님의 도가 지극히 커서 천하의 어떤 나라도 선생님을 받아들이지 못합니다. 비록 그렇다 해도 선생님은 선생님의 도를 계속 추진하고 있습니다. 그러니 그들이 듣지 않는다고 해서 무슨 걱정입니까? 도를 닦지 않는 것은 우리의 수치이지만, 도가 잘 닦인 인재를 등용하지 않는 것은 군주의 수치입니다. 그러니 받아들여지지 않는다고 해서 무슨 걱정이 되겠습니까? 받아들여지지 않은 연후에 더욱더 군자의 참모습이 드러날 것입니다." 공자가 안회를 대답을 듣고 기뻐 웃으며 말했다. "네가 만일 큰 부자가 된다면 나는 네 집의 집사가 되겠노라!"

그 후 초나라 소왕이 군사를 보내 공자 일행을 구출해준다. 초소왕이 서사(書社) 땅 700리를 주어 공자를 봉하고자 했다. 초나라 재상 자서가 이렇게 말하며 반대했다. "주문왕과 무왕은 풍 땅에서 일어날 때 사방 100리밖에 안 되는 땅을 가지고 마침내 천하를 통일했습니다. 지금 공자가 근거할 땅 700리를 얻고 저렇게 많은 현명한 제자들이 보좌한다면 우리 초나라에 결코 좋은 일이 되지 못할 것입니다." 초소왕이 이 말을 듣고 계획을 취소했다.

공자 나이 63세에 초나라에서 위나라로 돌아갔다. 당시 위나라의 공문자가 태숙을 치려고 계책을 공자에게 물었다. 위나라에 내란이 일어날 것을 내다보고 물러나 수레를 준비시켰다. 위나라를 떠나면서 공자는 말했다. "새는 나무를 선택해 살 수 있지만, 나무가 어찌 새를 택할 수 있겠는가?" 노나라의 계강자가 공자를 초빙해 노나라로 돌아왔다.

결국 세상의 군주는 공자를 알아주지 않았다. 불우(不遇)한 공자(孔子). 14년이나 천하를 주유했지만 누구도 공자를 등용하지 않았다. 세상의 군주들은 공자를 알 수도 없었고 진정으로 알려고도 하지도 않았다. 68세에 천하주유에서 돌아오니 아내와 아들은 죽고 손자만 살아남았다. 68~73세까지 공자의 마지막 5년은 학문적 전성기이자 완성기였다. 공자는 혼을 담아『주역』을 정리·해석하고,『시경』,『서경』,『예기』를 편찬하고, 역사서『춘추』를 집필했다. 공자 이전에는 체계적인 역사서가 없었다. 공자는 이전 기록에 근거해 최초로 역사서다운『춘추』를 지었다.『춘추』는 노나라의 역사를 중심으로, 주나라를 종주로 하고, 은나라 제도를 참작해 하, 은, 주 삼대의 법률을 계승하고 있다. 공자가『춘추』를 얼마나 소중하게 생각했는지 이같이 말했다.

"후대에 나를 알아주는 사람이 있다면『춘추』때문일 것이고, 나를 비난하는 사람이 있다면 그 또한『춘추』때문일 것이다."

노나라 애공 16년 (기원전 479년) 4월 기축일에 73세로 세상 떠난다. 노애공은 이렇게 애도(哀悼)했다. 정말 탁월한 애도 글이다.

旻天不弔(민천부조)

不憖遺一老(불은유일로)

俾屏余一人以在位(비병여일인이재위)

煢煢余在疚(경경여재구)

嗚呼哀哉 尼父!(오호애재 이보!)

毋自律(무자율)

하늘이 나를 불쌍히 여기지 않아

하나 남은 이 노인마저 내 곁에 남겨놓지 않고,

나 하나 세상에 가두어 오래도록 울게 하는구나!

아! 슬프다! 이보(공자)여,

내 다시는

나 자신을 기준으로 삼아 살지 않으리!

(스스로에 얽매어 갇혀있지 않으리!)


간단하게 공자의 일생을 요약한 내용이다. 좀 더 자세한 기록은『사기세가』에 있는 「공자세가」와『사기열전』에 있는 「중니제자열전」을 읽으면 된다.


『논어』안에 있는 글들의 깊은 뜻을 알 수만 있다면, 사실 동양 고전 여러 책 볼 것 없을 정도다.『논어』한 권에 인생 살아가는 데 필요한 철학 주제가 대부분 담겨있다. 위에서 언급한 주제 이외의 것은 스스로 공부하면서 생각의 깊이를 더해가도록 하라. 이건 그냥 맛보기일 뿐이다.

# 동양고전 추천 도서

- 『논어』
- 『맹자』
- 『묵자』
- 『노자』
- 『장자』
- 『순자』
- 『한비자』
- 『관자』
- 『손자병법』
- 『정관정요』
- 『시경』
- 『서경』
- 『역경』
- 『춘추좌전』(곡량전, 공양전)
- 『국어』
- 『전국책』
- 『사기』(본기, 세가, 열전, 표, 서)

- 『채근담』
- 여곤, 『신음어』
- 왕부, 『잠부론』
- 장조, 『유몽영』
- 율곡 이이, 『성학집요』
- 율곡 이이, 『격몽요결』
- 『소학』
- 『대학』
- 자사, 『중용』
- 펑유란, 『중국철학사』
- 존 톨랜드, 『일본 제국 패망사』
- 호사카 마사야스, 『쇼와 육군』
- 프랑크 디쾨터, 『해방의 비극』
- 프랑크 디쾨터, 『마오의 대기근』
- 프랑크 디쾨터, 『문화대혁명』
- 시라카와 시즈카, 『한자의 세계』
- 시라카와 시즈카, 『자통』